SHORT STORIES in SWEDISH

Read for pleasure at your level
and learn Swedish the fun way!

OLLY RICHARDS

Series Editor
Rebecca Moeller

Development Editor
Kerstin Rydén

First published in Great Britain in 2020 by John Murray Learning, an imprint of Hodder & Stoughton.
An Hachette UK company.

A CIP catalogue record for this title is available from the British Library.

Paperback ISBN: 978 1 529 30274 5
Ebook ISBN: 978 1 529 30275 2

3

Cover image © Paul Thurlby
Illustrations by D'Avila Illustration Agency / Stephen Johnson
Typeset by Integra Software Services Pvt. Ltd., Pondicherry, India
Printed and bound in Great Britain by Clays Ltd, Elcograf S.p.A.

John Murray Learning policy is to use papers that are natural, renewable and recyclable
products and made from wood grown in sustainable forests. The logging and manufacturing
processes are expected to conform to the environmental regulations of the country of origin.

Carmelite House
50 Victoria Embankment
London EC4Y 0DZ
www.johnmurraypress.co.uk

Contents

Don't forget the audio!

Listening to the story read aloud is a great way to improve your pronunciation and overall comprehension. So, don't forget – download it today!

The audio that accompanies this course is available to purchase from readers.teachyourself.com and to download to the accompanying app.

Use **audio50** at readers.teachyourself.com/redeem for 50% off any purchase.

About the Author

 Olly Richards, author of the *Teach Yourself Foreign Language Graded Readers* series, speaks eight languages and is the man behind the popular language learning blog: *I Will Teach You a Language*.

Olly started learning his first foreign language at age 19, when he bought a one-way ticket to Paris. With no exposure to languages growing up, and no special talent to speak of, Olly had to figure out how to learn a foreign language from scratch.

Fifteen years later, Olly holds a master's degree in TESOL from Aston University as well as Cambridge CELTA and Delta. He has studied several languages and become an expert in language learning techniques. He also collaborates with organizations such as the Open University and the European Commission, and is a regular speaker at international language events and in-person workshops.

Olly started the *I Will Teach You a Language* blog in 2013 to document his latest language learning experiments. His useful language learning tips have transformed the blog into one of the most popular language learning resources on the web. Olly has always advocated that reading is one of the best ways to improve your language skills and he has now applied his expertise to create the *Teach Yourself Foreign Language Graded Readers* series. He hopes that *Short Stories in Swedish for Beginners* will help you in your language studies!

For more information about Olly and his blog, go to www.iwillteachyoualanguage.com.

For more information about other readers in this series, go to readers.teachyourself.com.

Introduction

Reading in a foreign language is one of the most effective ways for you to improve language skills and expand vocabulary. However, it can sometimes be difficult to find engaging reading materials at an appropriate level that provide a feeling of achievement and a sense of progress. Most books and articles written for native speakers can be too long and difficult to understand or may have very high-level vocabulary so that you feel overwhelmed and give up. If these problems sound familiar, then this book is for you!

Short Stories in Swedish for Beginners is a collection of eight unconventional and entertaining short stories that are designed to help high-beginner to low-intermediate level Swedish learners* improve their language skills. These short stories have been designed to create a supportive reading environment by including:

➤ **Rich linguistic content in different genres** to keep you entertained and expose you to a variety of word forms.

---

* Common European Framework of Reference (CEFR) levels A2–B1.

➤ **Interesting illustrations** to introduce the story content and help you understand what happens.

➤ **Shorter stories broken into chapters** to give you the satisfaction of finishing the stories and progressing quickly.

➤ **Texts written at your level** so they are more easily comprehended and not overwhelming.

➤ **Special learning aids** to help support your understanding including:

  ✦ *Summaries* to give you regular overviews of plot progression.

  ✦ *Vocabulary lists* to help you understand unfamiliar words more easily. These words are bolded in the story and translated after each chapter.

  ✦ *Comprehension questions* to test your understanding of key events and to encourage you to read in more detail.

So perhaps you are new to Swedish and looking for an entertaining way to learn, or maybe you have been learning for a while and simply want to enjoy reading and expand your vocabulary, either way, this book is the biggest step forward you will take in your studies this year. *Short Stories in Swedish for Beginners* will give you all the support you need, so sit back, relax, and let your imagination run wild as you are transported to a magical world of adventure, mystery and intrigue – in Swedish!

How to Read Effectively

Reading is a complex skill. In our first languages, we employ a variety of micro-skills to help us read. For example, we might skim a particular passage in order to understand the general idea, or gist. Or we might scan through multiple pages of a train timetable looking for a particular time or place. While these micro-skills are second nature when reading in our first languages, when it comes to reading in a foreign language, research suggests that we often abandon most of these reading skills. In a foreign language we usually start at the beginning of a text and try to understand every single word. Inevitably, we come across unknown or difficult words and quickly get frustrated with our lack of understanding.

One of the main benefits of reading in a foreign language is that you gain exposure to large amounts of words and expressions used naturally. This kind of reading for pleasure in order to learn a language is generally known as 'extensive reading'. It is very different from reading a textbook in which dialogues or texts are meant to be read in detail with the aim of understanding every word. That kind of reading to reach specific learning aims or do tasks is referred to as 'intensive reading'. To put it another way, the intensive reading in textbooks usually helps you with grammar rules and specific vocabulary, whereas reading stories extensively helps show you natural language in use.

While you may have started your language learning journey using only textbooks, *Short Stories in Swedish for Beginners* will now provide you with opportunities to learn more about natural Swedish language in use. Here are a few suggestions to keep in mind when reading the stories in this book in order to learn the most from them:

> ➤ **Enjoyment and a sense of achievement when reading is vitally important.** Enjoying what you read keeps you coming back for more. The best way to enjoy reading stories and feel a sense of achievement is by reading each story from beginning to end. Consequently, reaching the end of a story is the most important thing. It is actually more important than understanding every word in it!

> ➤ **The more you read, the more you learn.** By reading longer texts for enjoyment, you will quickly build up an understanding of how Swedish works. But remember: in order to take full advantage of the benefits of extensive reading, you have to actually read a large enough volume in the first place! Reading a couple of pages here and there may teach you a few new words, but won't be enough to make a real impact on the overall level of your Swedish.

> ➤ **You must accept that you won't understand everything you read in a story.** This is probably the most important point of all! Always remember that it is completely normal that you do not understand all the words or sentences. It doesn't mean that your

language level is flawed or that you are not doing well. It means you're engaged in the process of learning. So, what should you do when you don't understand a word? Here are a few steps:

1. Look at the word and see if it is familiar in any way. Remember to look for vocabulary elements from your first language that may be familiar. Take a guess – you might surprise yourself!
2. Re-read the sentence that contains the unknown word several times. Use the context of that sentence, and the rest of the story, to try to guess what the unknown word might mean.
3. Think about whether or not the word might be a different form of a word you know. For example, you might encounter a verb that you know, but it has been conjugated in a different or unfamiliar way:

att prata – to speak
han pratade – he spoke
de har pratat – they have spoken

You may not be familiar with the particular form used, but ask yourself: *Can I still understand the gist of what's going on?* Usually, if you have managed to recognise the main verb, that is enough. Instead of getting frustrated, simply notice how the verb is being used, and carry on reading. Recognizing different forms of words will come intuitively over time.

4. Make a note of the unknown word in a notebook and check the meaning later. You can review these words over time to make them part of your active vocabulary. If you simply must know the meaning of a bolded word, you can look it up in the vocabulary list at the end of the chapter, in the glossary list at the back of the book or use a dictionary. However, this should be your last resort.

These suggestions are designed to train you to handle reading in Swedish independently and without help. The more you can develop this skill, the better you'll be able to read. Remember: learning to be comfortable with the ambiguity you may encounter while reading a foreign language is the most powerful skill that will help you become an independent and resilient learner of Swedish!

The Six-Step Reading Process

In order to get the most from reading *Short Stories in Swedish for Beginners*, it will be best for you to follow this simple six-step reading process for each chapter of the stories:

① Look at the illustration and read the chapter title. Think about what the story might be about. Then read the chapter all the way through. Your aim is simply to reach the end of the chapter. Therefore, *do not stop to look up words and do not worry if there are things you do not understand*. Simply try to follow the plot.

② When you reach the end of the chapter, read the short summary of the plot to see if you have understood what has happened. If you find this difficult, do not worry. You will improve with each chapter.

③ Go back and read the same chapter again. If you like, you can focus more on story details than before, but otherwise simply read it through one more time.

④ When you reach the end of the chapter for the second time, read the summary again and review the vocabulary list. If you are unsure about the meanings of any words in the vocabulary list, scan through the text to find them in the story and examine them in context. This will help you better understand the words.

⑤ Next, work through the comprehension questions to check your understanding of key events in the story. If you do not get them all correct, do not worry; simply answering the questions will help you better understand the story.

⑥ At this point, you should have some understanding of the main events of the chapter. If not, you may wish to re-read the chapter a few times using the vocabulary list to check unknown words and phrases until you feel confident. Once you are ready and confident that you understand what has happened – whether it's after one reading of the chapter or several – move on to the next chapter and continue enjoying the story at your own pace, just as you would any other book.

Only once you have completed a story in its entirety should you consider going back and studying the story language in more depth if you wish. Or instead of worrying about understanding everything, take time to focus on all that you *have* understood and congratulate yourself for all that you have done so far! Remember: the biggest benefits you will derive from this book will come from reading story after story through from beginning to end. If you can do that, you will be on your way to reading effectively in Swedish!

Den galna köttbullen

Kapitel 1 – Förberedelser

'Daniel, jag är här!' **ropar** Julia när hon öppnar **ytterdörren**.

'Vad är det, Julia?' svarar jag.

'Vi ska resa till Sverige idag! Kommer du inte ihåg det?'

'Klart jag gör. Jag är snart **färdig**,' ropar jag.

'OK, jag går upp på mitt rum och väntar,' säger Julia.

Jag heter Daniel. Jag är 24 år. Julia är min syster. Hon är 23. Vi går på universitetet. Vi bor i ett hus i London tillsammans med våra föräldrar Arthur och Sarah Bell.

Julia och jag ska ut och resa. Vi ska åka till Sverige. Vi ska plugga svenska i Stockholm en termin. Vi kan redan språket ganska bra men vi vill lära oss mer.

Jag är nästan två meter lång. Jag har ganska långt brunt hår, gröna ögon och bred mun. Jag är **kraftigt byggd**. Jag gillar sport, speciellt att spela tennis. Jag är också en **duktig** basketspelare.

Min syster Julia har brunt hår som jag men hennes hår är längre. Hon har inte gröna ögon. Hon har bruna ögon som pappa. Jag har samma ögonfärg som mamma.

Båda våra föräldrar har bra jobb. Pappa är **elektriker** på ett stort **företag**. Mamma är **författare**. Hon äger också ett företag som säljer science fiction-böcker.

Våra föräldrar är underbara. De hjälper oss alltid att uppnå våra **mål**. Båda kan tala svenska. De har bott i Sverige i många år. De talar ofta svenska med oss. Det hjälper oss att öva. De har **verkligen uppmuntrat** oss att studera svenska i Sverige. Och idag reser vi alltså till Sverige!

Pappa kommer in i mitt rum. Han tittar **förvånat** på mig. Varför då? För att jag inte har klätt på mig än! 'Daniel! Varför har du inte klätt på dig?' frågar han.

'Klätt på mig? Jag har ju nyss stigit upp. Jag har precis **duschat**!'

'**Skynda dig**! Vi har inte så mycket tid på oss. Jag ska skjutsa er till **flygplatsen**. Men jag måste åka till jobbet också.'

'Oroa dig inte, pappa. Jag ska klä på mig nu.'

'Var är Julia?'

'Hon är på sitt rum.'

Pappa går till min systers rum. Han vill prata med henne. Han går in i rummet och Julia tittar på honom. 'Åh, hej, pappa. Behöver du något?' frågar hon.

'Nej då. Daniel håller på att klä på sig. Varsågod.' Pappa ger Julia ett **kuvert** med pengar. 'Mamma och jag vill att ni ska ha de här.'

Julia tittar i kuvertet. 'Men pappa! Det är mycket pengar!' säger hon.

'Vi har sparat de här pengarna åt er. Vi vill betala en del av resan.'

'Tack, pappa!' säger min syster. 'Vi kommer absolut att **ha användning för** pengarna. Jag ska berätta för Daniel!'

Julia **vänder sig om**. Hon tänker gå till mitt rum. Hon går nästan rakt in i mig. Hon och pappa märkte inte att jag var på väg in. Pappa tittar på mig. 'Åh, Daniel, du är här!' säger han. 'Och du har klätt på dig! Toppen!'

Han pekar på pengarna. 'Det där är lite pengar till er båda som hjälp till resan.'

'Tack, pappa. De kommer absolut till användning,' svarar jag.

Julia ler.

'Nu måste vi äta och göra oss i ordning,' säger pappa. 'Vi måste åka till flygplatsen! Kom nu!'

Strax efter att vi har ätit kör vi hemifrån. Vi åker till flygplatsen i mammas bil. Julia är väldigt nervös.

'Julia,' säger mamma. 'Hur är det med dig?'

'Jag är väldigt nervös,' svarar Julia.

'Varför då?'

'Jag känner ingen i Sverige. Jag känner bara Daniel.'

'Oroa dig inte,' svarar mamma. 'Det finns många trevliga människor i Stockholm. **Särskilt** Daniels vän Anders.'

'Ja, mamma. Du har rätt. Men jag känner mig ändå nervös . . . Tänk om det händer något?'

'Det ordnar sig,' säger pappa.

På flygplatsen är det fullt med folk. Många är affärsresande. Andra reser **för nöjes skull**. Jag pratar med Julia. 'Mår du lite bättre nu?'

'Ja, det gör jag. Jag var väldigt nervös i bilen.'
'Ja, jag vet. Men allting kommer att ordna sig. Min kompis Anders är jättetrevlig. Han hjälper ofta studenter som oss.'

Vi **kramar** våra föräldrar. Sedan går Julia och jag. 'Vi älskar er båda två!' ropar mamma och pappa. Det är det sista vi hör. Vi **vinkar** hej då. Vårt plan lyfter en timme senare. Vi är på väg till Stockholm!

Kapitel 1 Översikt

Sammanfattning

Daniel och Julia bor i London. De studerar på universitetet. De ska resa till Sverige idag. De ska studera svenska i Stockholm. Deras föräldrar kör dem till flygplatsen. Julia är väldigt nervös i bilen. Hon mår bättre på flygplatsen. Planet lyfter mot Stockholm.

Ordförråd

galen mad, crazy

köttbulle meatball

förberedelse preparation

ropa to call

ytterdörr front door

färdig ready, prepared

kraftigt byggd strong-built

duktig good, clever

elektriker electrician

företag company

författare author, writer

mål goal

verkligen really

uppmuntra to encourage

förvånad surprised

duscha to take a shower

skynda sig to hurry

flygplats airport

kuvert envelope

ha användning för to make use of

vända sig om to turn around

särskilt particularly, above all

för nöjes skull for fun

krama to hug

vinka to wave

Läsförståelsefrågor

Välj enbart ett svar för varje fråga.

1) Daniel och Julia bor i Q .

    a. samma hus i London

    b. olika hus i London

    c. samma hus i Stockholm

    d. olika hus i Stockholm

2) Daniel och Julias föräldrar __b__.

    a. talar svenska men inte med Daniel och Julia

    b. talar svenska och övar med Daniel och Julia

    c. talar inte svenska

    d. bor inte i London

3) Daniel och Julias pappa ger dem en present inför resan. Vad?

    a. en bil

    b. en resa till flygplatsen

    c. en science fiction-bok

    d. pengar

4) Under resan till flygplatsen känner sig Julia c .

    a. hungrig

    b. glad

    c. nervös

    d. rädd

5) På flygplatsen finns det b .

    a. många av Daniels kompisar

    b. många affärsmän

    c. inte många människor

    d. inga barn

Kapitel 2 – Två städer

Vårt plan landar på Arlanda, flygplatsen utanför Stockholm. Min kompis Anders väntar på oss. 'Hej Daniel!' säger han. Han ger mig en stor kram. 'Jag är så glad att du är här!'

'Hej Anders! Jättekul att träffas igen!' svarar jag.

Anders tittar på min syster Julia. Jag **presenterar** dem för varandra. 'Det här är min kompis Anders. Och det här är min syster Julia.'

Anders vänder sig till Julia. Han **pussar** henne på båda **kinderna**. 'Hej Julia. Trevligt att träffas!'

Min syster är ganska **blyg**, speciellt när hon träffar nya människor. 'Hej Anders,' säger hon och **rodnar**. Sedan blir hon tyst.

'Din syster är väldigt blyg, eller hur?' säger Anders till mig och ler.

'Ja, det är hon, men hon är en fantastisk syster,' säger jag.

En kort stund senare sitter vi i en taxi. Vi åker till Anders **lägenhet** i centrala Stockholm. Lägenheten är stor och vi ska bo hos honom under terminen. Efter en halvtimme kommer vi fram. Taxiresan kostar 500 kronor. Anders säger att det är det normala priset för en taxiresa från Arlanda till den här delen av stan. Vi betalar och kliver ur bilen.

Det är bara en kort **promenad** till Anders lägenhet. Det är juni och varmt men vinden är **sval**.

Vi kommer fram till lägenheten vid lunchtid. Både Julia och jag är hungriga. 'Anders,' säger jag. 'Var kan vi äta?'

'Det finns många bra restauranger i den här delen av stan.'

'Vad har de för sorts mat?'

'En av restaurangerna, *Den galna köttbullen*, har jättegoda köttbullar. Jag kan verkligen rekommendera den. Man kan ta bussen dit. Det är bara ett par **hållplatser**. Den andra har väldigt fin fisk. Den ligger här intill.'

'Julia, vill du äta köttbullar?' frågar jag min syster.

'Ja! Jag är så hungrig!' svarar hon.

Anders kan inte följa med oss. Han måste tillbaka till jobbet, så Julia och jag tänker åka själva till köttbullsrestaurangen. Det är bara ungefär hundra meter till busshållplatsen.

'Hmm...Vänta nu, vilken buss går till restaurangen?' frågar jag Julia.

'Jag vet inte . . . ,' svarar hon. 'Vi frågar.' Hon pekar på en man i vit **skjorta**.

Vi går fram till mannen. Han ler. 'Hej! Kan jag hjälpa er?'

'Hej. Vet du hur vi kommer till restaurangen *Den galna köttbullen*?' frågar jag.

'Det är enkelt! Buss 35 går åt det hållet. Den går direkt till *Den galna köttbullen*. Men det finns ett litet problem.'

'Vad då?' frågar jag.

'Den bussen är ofta **proppfull** så här dags.'

'OK. Tack!' säger vi.

Medan vi står och väntar vid busshållplatsen pratar Julia och jag. Hon känner sig inte **bekväm** med att ta bussen. 'Daniel,' säger hon, 'Vi äter på fiskrestaurangen istället. Det är enklare. Jag vill inte ta en proppfull buss.'

'Jag vet . . . men vänta! Jag har en idé. Jag tar bussen till *Den galna köttbullen*. Du går till fiskrestaurangen.'

'Varför då?'

'Därför att då kan vi **jämföra** de två restaurangerna efteråt.'

'Bra idé. OK. Ha det så bra! Jag ringer till dig sedan,' ropar hon och går iväg.

Jag stiger på bussen och sätter mig. Bussarna i Stockholm fungerar perfekt. Det finns ingenting att oroa sig för. Plötsligt känner jag att jag är väldigt trött. Jag **somnar** direkt.

När jag vaknar har bussen stannat. Det finns inga personer i bussen utom chauffören och jag. 'Ursäkta mig,' säger jag. 'Var är vi?'

'Vi är framme i Uppsala,' svarar han.

'Va? Uppsala? Är vi i Uppsala? Hur kan vi vara det?' säger jag.

'Det här är expressbussen som går från Stockholm till Uppsala,' säger han.

Jag kan inte tro att det är sant. Jag har tagit fel buss. Men vad kan jag göra?

Jag tackar chauffören och stiger av bussen. Sedan tar jag fram mobilen. Jag måste ringa till min syster. Men det går inte att sätta på mobilen. **Batteriet är dött**! Jag tittar på klockan. Den är strax efter tre på eftermiddagen. Min syster vet inte var jag är. Hon måste vara väldigt **orolig**. Jag måste kontakta henne. Jag behöver en **telefonkiosk**!

Jag frågar en kvinna på gatan efter en telefonkiosk. 'Vi har inga telefonkiosker längre i Sverige,' säger hon och ler. 'Alla har mobiler.'
'Oj,' säger jag. 'Jag måste ringa till min syster i Stockholm. Jag måste tala om att jag är i Uppsala. Jag tog fel buss!'
'Du kan **låna** min mobil,' säger den vänliga kvinnan. Jag tackar henne men sedan kommer jag på en sak. Julias telefonnummer finns i min mobil. Och jag kan inte sätta på mobilen. Jag har fått låna en telefon men jag har inget nummer. Vad gör jag nu?

Jag **funderar** en stund. Sedan kommer jag på att jag är jättehungrig. Jag har inte ätit sedan vi åkte hemifrån! Jag **bestämmer mig** för att **hitta** en restaurang. Jag kan fundera på mina problem efteråt.

Det ligger en restaurang längre bort på gatan. **Servitören** kommer fram till mitt bord. 'Hej!' säger han glatt.
'Hej,' svarar jag.
'Vad skulle du vilja ha?'
Jag tittar snabbt på menyn. 'Jag skulle vilja ha köttbullar,' säger jag på svenska.
'Ursäkta? Jag förstår inte,' svarar han på svenska.
Jag försöker igen. Min svenska kan inte vara så dålig. 'Hm . . . Jag skulle vilja ha köttbullar.' Jag pekar

på ordet köttbullar på menyn. Sedan säger jag det igen på engelska.

Servitören ler och säger på engelska, 'Tack. Jag är inte från Sverige. Jag är ny här och min svenska är inte särskilt bra.'

Jag börjar **skratta** högt. Många människor på restaurangen vänder sig om och tittar. Då blir jag **generad**. Jag skulle inte ha skrattat så högt. Det är bara för mycket! Hela situationen är absurd. Jag och min syster ville bara gå ut och äta lunch tillsammans. Nu sitter jag här ensam i Uppsala och äter köttbullar! Och min syster vet inte var jag är någonstans. Det är verkligen ironiskt!

Jag äter färdigt och betalar. Sedan börjar jag fundera på mina problem. Vad ska jag göra nu? Min mobil fungerar inte. Jag har inte min systers nummer. Vad kan jag göra? Sedan kommer jag på **lösningen**. Jag kan ringa till London! Jag kan numret hem till mina föräldrar.

Jag förklarar problemet för servitören. Jag får låna en telefon och ringer till mina föräldrar. Det går fram fyra signaler, sedan svarar mamma, 'Hallå?'

'Hej, mamma. Det är Daniel.'

'Daniel?' säger hon. 'Hur mår du? Hur är det i Stockholm?'

'Det är bra. Hm . . . mamma. Jag har ett problem.'

'Vad är det? Har det hänt något **allvarligt**?'

'Nej, inget allvarligt, mamma. Kan du vara snäll och ringa till Julia? Tala om för henne att jag är i Uppsala. Och säg att mitt mobilbatteri är dött.'

'I Uppsala? Vad gör du i Uppsala?'

'Det är en lång historia, mamma. Jag berättar detaljerna senare.'

Vi säger hej då. Jag bestämmer mig för att stanna i Uppsala. Jag kan åka tillbaka till Stockholm imorgon. Det finns ett trevligt hotell nära restaurangen. Jag kan övernatta där. Först promenerar jag omkring lite och tittar på staden. Sedan vill jag bara sova. Jag är väldigt trött.

Jag betalar för en natt. Jag har inga bankkort med mig så jag betalar med **kontanter**. Jag går till hotellrummet, tar av mig kläderna och går och lägger mig. Jag släcker lampan och somnar. Vilken helt galen dag!

Kapitel 2 Översikt

Sammanfattning

Daniel och Julia kommer fram till Stockholm. Daniels kompis Anders möter dem på flygplatsen. De åker till Anders lägenhet. Daniel och Julia är hungriga. Anders föreslår två restauranger. Julia går till en fiskrestaurang. Daniel tar bussen till en restaurang som serverar köttbullar. På bussen somnar Daniel. Han vaknar i Uppsala! Hans mobil fungerar inte. Han kan inte sin systers telefonnummer. Till sist ringer han sin mamma. Sedan övernattar han på ett hotell.

Ordförråd

presentera to introduce

pussa to kiss

kind cheek

blyg shy

rodna to blush

lägenhet flat, (*Am. Eng.*) apartment

promenad a walk

sval cool

(buss)hållplats bus stop

skjorta shirt

proppfull very full

bekväm comfortable

jämföra to compare

somna to fall asleep

batteriet är dött the battery is dead

orolig worried

telefonkiosk telephone box, (*Am. Eng.*) telephone booth

låna to borrow

fundera to think, to consider

bestämma (sig) to decide

hitta to find

servitör waiter

skratta to laugh

generad embarrassed

lösning solution

allvarlig serious

kontanter cash

Läsförståelsefrågor

Välj enbart ett svar för varje fråga.

6) Anders ___.

    a. jobbar på flygplatsen

    b. är en kompis till Julias och Daniels föräldrar

    c. är Julias kompis

    d. är Daniels kompis

7) I Stockholm är det ___.

    a. kallt

    b. varmt

    c. inte varmt och inte kallt

    d. varmt på natten och kallt på dagen

8) Julia och Daniel tänker först åka till ___.

    a. en restaurang

    b. Anders kompis lägenhet

    c. Anders lägenhet

    d. Uppsala

9) Daniel kan inte kontakta sin syster eftersom ___.

a. hans mobil inte fungerar

b. han inte har några pengar

c. det inte finns någon telefonkiosk

d. han har glömt sin mobil

10) Daniel övernattar ___.

a. på ett hotell i Stockholm

b. på en buss

c. på ett hotell i Uppsala

d. på flygplatsen

Kapitel 3 – På motorvägen

Jag vaknar tidigt och duschar. Jag äter **frukost** på rummet. Jag har inte så mycket pengar kvar. Men jag är hungrig så jag tar god tid på mig medan jag äter. Sedan klär jag på mig och lämnar rummet. Jag tittar på klockan. Den är redan tio. Jag hoppas att mamma pratade med Julia igår. Min syster är ganska nervös. Jag hoppas att hon mår bra.

Jag lämnar hotellet. Sedan stannar jag utanför och tänker, 'Hur ska jag ta mig tillbaka till Stockholm? Jag har redan använt det mesta av pengarna. Jag vet inte var det finns någon bank. Jag kan inte ta ut pengar från mitt konto. Och Julia väntar på mig. Jag behöver hitta en lösning – fort!'

Då ser jag två män. De bär tunga **lådor** till en **lastbil**. På lastbilen finns det en bild med namnet på ett företag. Jag tittar **närmare**. Sedan skrattar jag högt. Jag **hejdar mig** snabbt. Jag vill inte **göra bort mig** igen! Jag kan inte tro att det är sant. Bilden på lastbilen är en köttbulle. Det är en lastbil från restaurangen *Den galna köttbullen!*

Jag går fram till en av männen.

'Hej,' säger jag.

'Hej,' svarar han. 'Kan jag hjälpa dig?'

'Jobbar du för den här restaurangen i Stockholm?' frågar jag och pekar på bilden på lastbilen.

'Nej, jag är bara chaufför,' säger mannen.

'Känner du till restaurangen *Den galna köttbullen*?'

'Ja visst. Vi levererar potatis dit varje vecka. Det är till deras kök, men jag jobbar inte där.'

Chauffören kliver in i lastbilen. Plötsligt får jag en idé!
'Ursäkta mig,' säger jag.
'Ja?' svarar chauffören.
'Skulle jag kunna få åka med dig tillbaka till Stockholm?' frågar jag.
'Nu?' säger han.
'Ja,' svarar jag. 'Jag har inte så mycket pengar. Min syster väntar på mig. Hon är orolig!'
Chauffören stannar upp och tänker till. Sedan svarar han. 'Tja, det går väl bra. Fast vi är ju två i **förarhytten**. Du får hoppa in bak i bilen. Sitt mellan potatislådorna. Och berätta inte det här för någon!'
'Det ska jag inte göra. Tack ska du ha,' säger jag.
'Inga problem,' säger han. Sedan tillägger han, 'Skynda dig är du snäll. Jag måste åka nu. Jag får inte bli sen!'
Jag **klättrar** in längst bak i lastbilen och sätter mig mellan några potatislådor. Chauffören startar bilen. Vi kör mot Stockholm. Jag tycker det är en jättebra idé. En lastbil går fortare än en buss. Jag kan **spara** lite tid på det sättet. Och det är mycket **billigare**. Jag lutar mig tillbaka och **kopplar av**.
Det är ganska **mörkt** inne lastbilen. Jag ser inte så mycket men jag hör ljudet från bilmotorn och de andra bilarna på vägen. Sedan hör jag något alldeles i närheten. Det finns en person till bland potatislådorna!
'Hallå?' säger jag.
Det är tyst.
'Är det någon där?' frågar jag.
Det är fortfarande tyst. Jag vet att det är någon där. Det sitter någon någonstans. 'Ja, ja,' säger en mörk

röst till slut. Vilken **överraskning**! Det är en gammal man. Han har **gömt sig** mellan lådorna.

'Ursäkta mig,' säger jag, 'Men vem är du?'
'Var snäll och **lämna** mig **ifred**,' svarar mannen.
Han talar perfekt svenska.
'Vad gör du här?' frågar jag.
'Jag åker till Stockholm.'
'Vet chauffören om att du är här?'
'Nej, det gör han inte. Jag hoppade in i lastbilen medan du pratade med honom.'
'Jag förstår . . . ,' säger jag.
Plötsligt stannar chauffören. Vi hör att han går mot baksidan. Den gamle mannen frågar oroligt. 'Varför stannade han?'
'Jag vet inte.'
Det hörs ett ljud från bakdörren.
'Jag måste gömma mig!' säger mannen.
Chauffören öppnar bakdörren och kommer in. Han ser bara mig. Den andre mannen gömmer sig bakom lådorna.
'Vad är det som händer här?' frågar han mig.
'Ingenting alls.'
'Vem pratade du med?'
'Jag? Ingen. Det finns ingen här. Ser du inte det?'
'Hör på nu. Vi är inte i Stockholm ännu. Var tyst. Jag vill inte ha problem. Förstår du?'
'Jag förstår,' svarar jag.

Chauffören stänger dörren. Han går tillbaka till förarhytten. Den gamle mannen skrattar lågt. 'Vilken **tur** att han inte såg mig!' säger han tyst.

'Ja, det är det,' säger jag. 'Tala nu om för mig varför du åker från Uppsala till Stockholm i en lastbil?'

'Vill du verkligen veta det?'

'Ja, självklart!'

'Jag har inga pengar. Och så kan jag berätta en liten historia för dig.'

'Visst! Det tar en stund till innan vi är i Stockholm.'

Mannen berättar sin historia för mig. 'Jag heter Gustav. Jag har en son, men jag har aldrig träffat honom. Jag var tillsammans med hans mamma för många år sedan. Jag älskade henne men vi passade inte ihop. Sedan reste jag till USA för att jobba. Men jobbet gick inte bra. Jag kunde inte komma tillbaka. Men nu är jag i Sverige igen.' Han gjorde en paus. Sedan fortsatte han, 'Hon **flyttade**. Och jag träffade **varken** henne **eller** min son igen. Jag fick just veta var min son finns.'

'I Stockholm?'

'Just det.'

'Hur gammal är din son?'

'Han är 24 år.'

'Det är samma ålder som jag!'

Gustav skrattar. 'Vilket **sammanträffande**!'

'Ja, det är det.'

Jag försöker ställa mig upp för att **sträcka på** benen. Så frågar jag Gustav, 'Vad heter din son?'

'Han heter Anders. Han har en lägenhet i Stockholm. Den ligger i centrum nära restaurangen *Den galna köttbullen*. Därför sitter jag i den här lastbilen.'

Den galna köttbullen! Mannen i lastbilen är min vän Anders pappa. Jag kan inte tro att det är sant!

Kapitel 3 Översikt

Sammanfattning

Daniel vaknar och äter frukost på sitt hotellrum i Uppsala. När han lämnar hotellet ser han en lastbil. Den tillhör restaurangen *Den galna köttbullen*. Daniel ber chauffören att köra honom tillbaka till Stockholm. Chauffören säger ja. Inne i lastbilen sitter en annan man. Han ska också åka till Stockholm. Han vill träffa sin son Anders. Mannen är pappa till Daniels kompis Anders.

Ordförråd

frukost breakfast

låda box

lastbil lorry, (*Am. Eng.*) truck

närmare closer

hejda sig to stop oneself

göra bort sig to make a fool of oneself

förarhytt cab of the lorry/truck

klättra to climb

spara to save

billig cheap

koppla av to relax

mörk dark

överraskning surprise

gömma sig to hide

lämna ifred to leave in peace

tur chance, luck

flytta to move

varken/eller neither/nor

sammanträffande coincidence

sträcka på to stretch

Läsförståelsefrågor

Välj enbart ett svar för varje fråga.

11) Daniel vaknar ungefär klockan ___.
   a. 10:15
   b. 10:00
   c. 09:00
   d. 12:15

12) Lastbilschauffören ___.
   a. arbetar på hotellet
   b. arbetar på *Den galna köttbullen*
   c. arbetar bara som chaufför
   d. arbetar för en annan restaurang

13) Daniel träffar ___ i lastbilen.
   a. en ung man
   b. en ung kvinna
   c. en annan chaufför
   d. en annan man

14) Personen i lastbilen reser för att ___.
   a. arbeta på *Den galna köttbullen*
   b. arbeta som chaufför
   c. träffa sin pappa
   d. träffa sitt barn

15) Personen i lastbilen är ___.
   a. Daniels pappa
   b. Anders pappa
   c. Julias mamma
   d. Daniels mamma

Kapitel 4 – Överraskningen

Gustav och jag fortsätter att prata. Jag berättar inte att jag känner hans son. Till slut kommer *Den galna köttbullen*-lastbilen fram. Chauffören stänger av motorn. Vi hoppar ut genom bakdörren. Gustav gömmer sig bland människorna på **trottoaren**. Jag tackar chauffören. 'Det var så lite,' säger han. 'Ha det så trevligt i Stockholm!'

Jag vänder mig om. Gustav tittar på restaurangen. Där är **äntligen** *Den galna köttbullen*! Det finns ingen där. Det är förmiddag. Det är för tidigt för lunch.

'Vad ska du göra?' frågar jag mannen.

'Jag är inte hungrig,' svarar han. 'Jag ska åka till min sons lägenhet. Vill du följa med?'

'Visst,' svarar jag.

Gustav har Anders adress. Vi tar buss 35. Sedan går vi till Anders lägenhet. Han vet fortfarande inte att Anders är min vän. Anders pratar inte särskilt ofta om sin pappa. Jag vet att de aldrig har träffats förut.

Jag kan inte riktigt bestämma mig. Ska jag tala om för Gustav att jag känner Anders? Ska jag behålla det för mig själv? Till slut bestämmer jag mig för att inte säga något just nu. Kanske mötet kan bli en överraskning?

Vi kommer fram till huset. Vi går in genom porten. Vi kollar vilken våning Anders lägenhet ligger på. Och så tar vi **hissen** upp till tredje våningen. Vi går ut ur hissen. Vi går mot lägenhetsdörren.

'Där är det,' säger jag utan att tänka efter.

'Hur vet du det?' frågar Gustav snabbt.

Och då måste jag förstås förklara. Jag talar om för honom att jag har känt Anders i många år. Det var bara **slumpen** – eller **ödet** – att han och jag träffades i lastbilen. Han kan inte tro det först. Sedan accepterar han min **förklaring**. Han ser fram emot att träffa sin son.

Vi ringer på dörren men vi får inget svar.

'Julia? Anders?' ropar jag. 'Är någon där?' Fortfarande inget svar. Jag förklarar att jag och min syster bor i lägenheten. Sedan tar jag fram nyckeln och öppnar dörren.

'Var är de?' frågar Gustav.

'Jag vet inte. Men de borde vara här snart.'

Vi går in i lägenheten. Jag hittar min mobilladdare. Jag laddar telefonen i 15 minuter. Sedan ringer jag till min syster. Julias telefon ringer en gång. Sedan svarar hon fort. 'Daniel! Äntligen! Mamma ringde igår men jag har varit så orolig!'

'Hej, Julia. Oroa dig inte. Jag mår bra. Jag är i Anders lägenhet. Jag har någon med mig.'

'Vem då?'

'Tja, det är en lång historia. Kom tillbaka till lägenheten. Var är du?'

'Mamma berättade för mig att du hamnade i Uppsala. Anders och jag väntade på dig hela natten! Vi har precis gått ut för att **ta en fika**. Vi är på väg tillbaka nu.'

'OK. Vi väntar på er här.'

Anders och Julia kommer till lägenheten en halvtimme senare. 'Hej, Daniel! Vi är så glada att se dig!' säger Anders. Han vänder sig till Gustav. 'Och vem är du?' frågar han.

Innan han kan svara säger jag, 'Jo . . . Anders, jag har något viktigt att tala om för dig.'

'Vad då?' frågar han.

'Anders, det här är din pappa,' säger jag.

Först blir Anders alldeles **häpen**. 'Min pappa? Det är **omöjligt**!'

Gustav tittar på honom. 'Är du Anders?' säger han.

'Ja, det är jag. Men du kan inte vara min pappa!' svarar Anders.

'Jag heter Gustav Johansson. Och jo, jag är din pappa.'

Gustav förklarar. Anders **inser** snart att han verkligen är hans pappa. Han kramar honom **förläget**. De har äntligen träffats efter så många år. Båda är osäkra på vad de ska göra.

Till slut ler Anders och säger, 'Tja . . . Jag antar att vi måste **fira**!'

'Jag håller med!' säger hans pappa.

'Ska vi åka till *Den galna köttbullen*?' säger Julia.

Jag tittar på Julia. Jag är förvånad. 'Nej!' säger jag. 'Jag vill inte ha köttbullar! Jag vill aldrig äta det igen!' Hon tittar på mig och skrattar. 'Jag vill inte gå i närheten av den restaurangen!' fortsätter jag. 'Och jag vill inte åka buss på väldigt länge heller. Jag vill ha pizza!'

Alla skrattar högt. Efter en stund skrattar jag också.

'Vilken galen dag!' säger jag.

'Ja,' svarar Anders. 'En galen dag, verkligen en helt galen dag!'

Kapitel 4 Översikt

Sammanfattning

Daniel och den gamle mannen kommer fram till restaurangen *Den galna köttbullen*. Ingen är där eftersom det är för tidigt. De tar sedan bussen till Anders lägenhet. Ingen är där heller. Daniel laddar sin telefon. Han ringer till Julia. Hon är ute och fikar med Anders. Julia och Anders kommer tillbaka till lägenheten. Daniel presenterar Anders för sin pappa. De bestämmer sig för gå ut och äta för att fira. Men Daniel vill inte ha köttbullar. Han vill ha pizza.

Ordförråd

trottoar pavement, (*Am. Eng.*) sidewalk

äntligen finally, at last

hiss lift, (*Am. Eng.*) elevator

slump chance, hazard

öde destiny, fate

förklaring explanation

ta en fika to take a coffee break

häpen surprised

omöjligt impossible

inse to realize

förlägen embarrassed

fira to celebrate

Läsförståelsefrågor

Välj enbart ett svar för varje fråga.

16) Mannen och Daniel åker med lastbilen till ___.
   a. Anders lägenhet
   b. en affär
   c. restaurangen *Den galna köttbullen*
   d. flygplatsen

17) När de kommer till lägenheten är ___.
   a. Julia och Anders där
   b. bara Julia där
   c. bara Anders där
   d. ingen där

18) Det första Daniel gör är att ___.
   a. ladda sin mobiltelefon
   b. laga middag
   c. ringa Anders
   d. ringa sina föräldrar

19) Sedan ringer Daniel till ___.
   a. sina föräldrar
   b. Anders
   c. Julia
   d. lastbilschauffören

20) För att fira vill Julia åka till ___.
   a. *Den galna köttbullen*
   b. en pizzeria
   c. London
   d. Uppsala

En mycket ovanlig utflykt

Kapitel 1 – Varelsen

Dalarna ligger i västra Sverige nära **gränsen** till Norge. I norra delen av Dalarna ligger Grövelsjön. Det är ett populärt **område** för turister. På vintern åker man skidor. På sommaren vandrar man eller paddlar kanot. Många åker också dit för att fotografera den vackra naturen.

Dalarna har växlande väder. Ibland sol och ibland regn. Somrarna är lagom varma. Därför tycker vandrare från hela Sverige om Grövelsjön. Elsa är en av alla som gärna vandrar där. Hon bor dessutom i närheten. Hon tycker bäst om att vandra i maj och juni. Då tycker hon att naturen är speciellt vacker. Varje **helg** packar hon sin ryggsäck och går ut i skogen. Elsas kompis Oskar gillar också att vandra, gärna tillsammans med Elsa. Förra helgen tänkte de göra en utflykt igen och det blev verkligen en mycket ovanlig utflykt!

Elsa och Oskar träffades i skogskanten. 'Hej Elsa!' ropade Oskar.

'Hej Oskar!' svarade Elsa.

Oskar sprang fram till Elsa.

'Ta det lugnt, Oskar. Du blir trött,' skrattade Elsa.

'Oroa dig inte. Jag har tagit med mig tillräckligt med energidrycker,' sade Oskar. Han pekade på sin stora ryggsäck och skrattade.

Det var så roligt att träffas igen och de hade så mycket att prata om. Sedan gick de in på en **stig** och började sin vandring.

Efter någon kilometer delade sig stigen i två stigar. En gick åt vänster, en åt höger.

'Åt vilket håll ska vi gå?' frågade Elsa. 'Åt vänster eller åt höger?'

'Vi går åt vänster,' svarade Oskar.

'Tja, hm . . . Jag tror jag **föredrar** att gå åt höger.'

'Varför då?'

Elsa tittade inåt skogen längs den vänstra stigen. Sedan sade hon, 'Folk berättar historier om den där stigen. Många har sett en stor hårig varelse där . . . .'

'Jaså? Tror du på sådana historier?'

'Hm . . . Jag vet inte. Jag tycker att vi ska ta stigen åt höger istället . . . ,' sade Elsa. Hon såg lite orolig ut.

'Kom igen, Elsa. Vi försöker! Det här kan bli **spännande**,' sade Oskar och log mot Elsa som fortfarande såg lite nervös ut. 'OK då,' sade hon till slut. Och så tog de den vänstra stigen.

En timme senare gick Elsa och Oskar fortfarande på samma stig. Det stod höga träd överallt runt omkring dem. Det var sent på eftermiddagen. Elsa frågade Oskar, 'Tror du verkligen att det finns konstiga varelser i den här skogen?'

'Nej, det tror jag inte.'

'Varför inte?'

'Tja, jag har aldrig sett någon konstig varelse här. Har du?'

'Inte i den här skogen.'

'Just det. Så det betyder att vi kan känna oss **säkra**!'

Elsa skrattade. 'Jag antar det!'

Elsa och Oskar fortsatte sin vandring. Flera kilometer senare gick de fortfarande. Solen sken fortfarande på en klarblå himmel. Plötsligt kom de ut ur skogen. Framför dem låg en liten **sjö**.

Elsa och Oskar stannade och såg sig omkring. Nere vid sjön låg en liten **stuga**. Den var röd och såg ut att vara mycket gammal. 'Titta, Oskar,' ropade Elsa. 'Titta där borta!'

'Var då?'

'Där! Det ligger en liten stuga där.'

'Ja, jag ser det. Ska vi gå dit och titta?'

'Va? Men tänk om någon är där?'

'Var inte rädd, Elsa. Jag är säker på att det inte är någon där.'

De gick fram till stugan. Sedan gick de runt huset och tittade **noga** på allt.

'Det ser ut som om stugan byggdes för mycket länge sedan,' sade Elsa. 'Titta på fönstren! Glaset är väldigt gammalt. Och **brädorna** i väggen ser också gamla ut.'

'Ja,' svarade Oskar. 'Jag skulle gissa på att stugan är minst 150 år. Tycker du inte att den är fin? Det är något med sådana här gamla hus som jag gillar. Jag tycker faktiskt att de är riktigt vackra.'

Oskar såg sig omkring. Plötsligt ropade han, 'Elsa! Kom hit!' Vid stranden av sjön låg en liten **eka**. Den var också gammal och byggd av **trä**. Oskar såg glad ut. 'Vi kliver i båten! Jag tror inte att den **läcker**,' sade han.

'**Skojar** du?' svarade Elsa. 'Varför då?'

'Vi kan **ro** ut till mitten av sjön!'

'Jag vet inte . . . .'

'Kom igen! Det blir roligt!'

'OK . . . ,' sade Elsa. Hon lät inte glad.

Elsa och Oskar steg ner i båten med sina ryggsäckar. De rodde långsamt till mitten av sjön. Elsa tittade sig omkring. 'Det är så vackert här!' sade hon.

'Ja, jag vet. Det är så fint med alla träd. Och solen skiner på oss. Det är härligt!'

'Jag är så glad att vi kom hit. Vi äter lite. Vill du ha något?'

'Självklart! Vad har du?'

Elsa tog fram både smörgåsar och kakor ur sin ryggsäck. Oskar tog fram energidryckerna.

'Vad vill du ha?'

'Smörgåsarna ser goda ut . . . .'

'Visst! Ta så många du vill.'

'Tack, Elsa!'

Elsa och Oskar satt i båten mitt på sjön och åt. Plötsligt hörde de ett konstigt ljud.

'Hörde du?' frågade Oskar.

'Ja, det gjorde jag,' svarade Elsa. Hon lät rädd.

'Jag tror att ljudet kom från stugan.'

'Det tror jag också!'

'Vi tittar efter!'

Elsa tittade förvånat på Oskar. '**Menar** du **allvar**?' sade hon.

'Ja! Kom nu!'

Elsa och Oskar rodde tillbaka till stranden. De satte på sig ryggsäckarna. Sedan gick de långsamt fram till den gamla stugan.

'Ska vi gå in och titta?' frågade Oskar.

'Varför då? Vi är ju på utflykt. Ska vi inte vara ute i friska luften? *Inte* inne i ett hus?'

'Jo visst. Men det här verkar spännande. Jag gillar att undersöka spännande saker.'

'Jag är inte så säker . . . .'

'Kom nu så går vi in i huset,' sade Oskar. Elsa följde med men hon var inte glad.

De gick fram till dörren. Den var inte låst. De öppnade och gick in. Allting där inne såg gammalt ut. Ingen hade bott där på mycket länge. Det var **damm** överallt.

'Elsa, titta här,' ropade Oskar. Hans röst lät konstig.

'Vad då?'

'Här, bredvid fönstret.'

Elsa tittade. På golvet, i dammet, fanns det flera jättestora **fotspår**.

'Vad tror du de här fotspåren kan vara för något?' frågade Oskar.

'Jag tror att det är **björn**spår!' svarade Elsa.

'Tror du att det är en björn? Nej, jag har sett björnspår. De ser inte ut så här!'

'Då vet jag inte. Men vi sticker härifrån!'

Plötsligt hörde Elsa och Oskar något från köket. De sprang dit. De kunde inte tro sina ögon. Det stod en stor hårig varelse mitt i köket! Den vände sig snabbt om, försvann ut genom bakdörren och sprang iväg. Varelsen förde mycket **väsen**. Den slog nästan sönder dörren när den sprang ut!

Elsa och Oskar stod stilla. Varelsen **försvann** in i skogen. Elsa kunde inte prata.

'Vad *var* det för något?' frågade Oskar. De visste inte.

Kapitel 1 Översikt

Sammanfattning

Elsa och Oskar vandrar i skogen nära Grövelsjön. De kommer till en liten sjö. Nära sjön ligger en gammal stuga och en eka. De ror ut på sjön. Sedan hör de ett ljud. De ror tillbaka och går in i huset. I köket ser de en märklig varelse. Den springer ut ur huset och in i skogen. Elsa och Oskar vet inte vad det är för något.

Ordförråd

ovanlig unusual

utflykt excursion

varelse creature

gräns border

område area

helg weekend

stig path

föredra to prefer

spännande exciting

säker safe, certain

sjö lake

stuga cottage

noga careful

bräda board

eka rowing-boat

trä wood

läcka to leak

skoja to make a joke

ro to row

mena allvar to be serious

damm dust

fotspår footprint

björn bear

väsen noise

försvinna to disappear

Läsförståelsefrågor

Välj enbart ett svar för varje fråga.

1) Elsa och Oskar är i ___.

   a. Stockholm

   b. Dalarna

   c. Norrland

   d. södra Sverige

2) De är på utflykt till en ___.

   a. sjö

   b. strand

   c. by

   d. stad

3) När de kommer ut ur skogen ser Elsa och Oskar ___.

   a. en by

   b. en stad

   c. en affär

   d. ett litet hus

4) När de ser båten på stranden ___.

   a. stiger de inte ner i den

   b. sover de i den

   c. ser de att den läcker

   d. tar de den och ror ut på sjön

5) När Elsa och Oskar är ute på sjön hör de ett ljud från ___.
   a. båten
   b. stugan
   c. sjön
   d. skogen

Kapitel 2 – Sökandet

'Såg du?' frågade Oskar.

'Ja!' svarade Elsa. 'Vad var det för något?'

'Jag vet inte! Men det var något **förfärligt** stort och **fult**!'

'Javisst . . . någon slags varelse!'

Oskar tittade på Elsa och sade, 'Ska vi följa efter den?'

'Skojar du?' svarade Elsa. 'Inte en chans!'

'Kom nu! Det här är riktigt spännande! Vi går ut och **letar efter** den!'

'Åh nej! Jag vet inte riktigt . . . .'

Oskar och Elsa gick ut ur stugan. De följde varelsens fotspår in i skogen. De såg sig omkring. Till slut sade Oskar, 'Varelsen kan vara var som helst. Vi måste **dela upp** oss och leta.'

'Dela upp oss?' sade Elsa förvånat. 'Är du galen, Oskar? Det finns en konstig varelse där ute. Och vi vet inte vad det är för något!'

'Jag vet,' svarade Oskar. 'Men vi kan ta ett foto på den. Vi kan hamna på **nyheterna**.'

'Va?'

'Kom igen, Elsa,' sade Oskar. 'Det är kanske ett alldeles nytt djur! Ingen har kanske fotograferat det tidigare!' Han tittade på Elsa och fortsatte, 'De kanske skriver en artikel om oss! Vi kanske blir intervjuade på TV-nyheterna! Vi kunde . . . .'

'Sluta! Du är **tokig**, Oskar. Jag borde inte gå med på det här, men visst. Vi delar upp oss då.'

Oskar tog en stig. Elsa tog en annan. Hon såg inga spår efter varelsen. Hon tänkte efter. Till sist bestämde hon sig för att hon och Oskar bara hade **inbillat sig** att de hade sett en varelse. Den fanns inte på riktigt.

Några minuter senare fick Elsa syn på Oskar i skogen igen. Hon sade till honom att hon var säker på att varelsen inte fanns i verkligheten. Den fanns bara i deras **fantasi**. Men Oskar var alldeles säker på att den fanns. De behövde bara **bevisa** det.

De gick förbi ett **buskage**. Oskar ville se om varelsen fanns där inne. Han sade till Elsa att vänta. När han gick in i buskaget log han och vinkade.

Elsa väntade på att Oskar skulle komma tillbaka. Hon väntade i flera minuter. Ingen Oskar. Hon väntade nästan en halvtimme. Fortfarande ingen Oskar!

Elsa tittade på sin mobil. Den hade ingen **täckning**. Hon kunde inte ens ringa efter hjälp. Vid det här laget var hon rädd. Men hon kunde inte bara lämna Oskar!

Plötsligt tänkte hon, 'Han kanske gick tillbaka till stugan. Kanske allt det här bara är ett **skämt**!'

Elsa gick tillbaka till stugan och tittade i rummen och i köket. Ingen Oskar. Hon bestämde sig för att vänta tills han kom tillbaka. Om han skämtade så kunde hon också skämta. Hon tänkte **uppföra sig** helt normalt, precis som om det inte var något särskilt med att han hade varit borta. Ha! Det skulle bli roligt!

Det stod en gammal säng i vardagsrummet. Hon satte sig på sängen och tog fram en smörgås. Hon åt den och tänkte på Oskar. Var var han? Vad skulle hon kunna göra?

Medan Elsa tänkte blev hon **sömnig**. Hennes huvud fungerade inte ordentligt. Vilken dag! 'Jag väntar på Oskar här och . . . .' Det var hennes sista tanke innan hon somnade.

Elsa vaknade tidigt nästa morgon. Oskar var fortfarande inte där. Hon hoppades på att hela **upplevelsen** var en dröm. Men hon insåg att det inte var så. Hon var verkligen orolig. Det här var kanske inte ett skämt.

Elsa bestämde sig för att gå till närmaste by. Hon tog en stig runt den lilla sjön. Till sist kom hon fram till byn. Det var söndag men det var ändå en hel del folk ute. Elsa försökte **använda** mobilen igen men täckningen var dålig. Hon behövde ju en telefon nu!

Det låg ett litet kafé i byn. Elsa gick dit. Det var mycket folk där. Elsa visste inte vad hon skulle säga. Till sist bestämde hon sig för att inte säga någonting om Oskar eller varelsen. Hon gick fram till ägaren och sade, 'Hej! Min mobil har ingen täckning. Får jag använda er fasta telefon? Det är mycket viktigt.'

'Ja visst. Varsågod. Den står där borta.'

'Tack så mycket.'

Först ringde Elsa Oskars mobilnummer. Det kom inga signaler. Det kanske var något fel på den? Sedan ringde hon till hans hemtelefon. Det hördes många ringsignaler. Varför svarade ingen? Oskars bror var oftast hemma på morgnarna men inte idag. Elsa ringde igen men fick inget svar. Hon lämnade ett meddelande på Oskars mobil. 'Var är du!?' frågade hon.

Elsa gick ut ur kaféet. Hon stod på gatan i flera minuter och funderade. 'OK då,' tänkte hon. 'Jag måste lösa det här! Kanske han **gick vilse** i buskaget. Och när han kom ut var jag borta. Han tittade aldrig i stugan. Då åkte han hem. Så måste det vara!' Elsa bestämde sig för att åka hem till Oskar. Hon sprang in i kaféet igen och ringde efter en taxi.

Elsa kom fram till Oskars hus efter tjugo minuter. 'Det blir 270 kronor,' sade chauffören.
'Här är 300 kronor,' sade Elsa. 'Behåll växeln.'
'Tack så mycket. Ha en bra dag.'

Elsa steg ur taxin och gick fram till huset. Det var stort. Det hade två våningar och en vacker **trädgård**. Det låg i ett trevligt område med flera stora hus och några affärer i närheten. Oskars bil stod parkerad utanför huset. Var Oskar där inne? Hade han ringt till sin familj?
Elsa kollade mobilen. Hon hade täckning nu men inga meddelanden. Hon ringde Oskar igen. Hon skickade ett **sms** till och skrev att hon var orolig. Hon bad honom att kontakta henne **genast**!
'Jag förstår inte,' tänkte hon. 'Oskar körde hem bilen från skogen. Varför har han inte ringt?' Elsa gick fram till huset och knackade på dörren. Inget svar. Hon knackade tre gånger men ingen öppnade.

Elsa var orolig. Hon gick hem till två vänner som bodde i närheten. De var inte heller hemma. Hon försökte ringa till dem. Deras telefoner var avstängda. Någonting konstigt var på gång. Hon visste bara inte vad det var. Alla hennes vänner hade försvunnit!

Elsa visste inte vad hon skulle göra. Hon ville inte kontakta polisen. Hon hoppades att Oskar var i **säkerhet** eftersom hans bil var hemma. Det fanns inga vänner i närheten att be om hjälp. Elsa förstod att hon måste hitta Oskar på egen hand!

Elsa tog en ny taxi tillbaka till skogen. Hon tog en annan stig för att snabbare komma fram till stugan. Efter en stund såg hon den. Men den här gången fanns det en stor skillnad: det **lyste** i huset!

Kapitel 2 Översikt

Sammanfattning

Elsa och Oskar letar efter en konstig varelse i skogen. Oskar försvinner. Elsa går tillbaka till den gamla stugan för att hitta honom. Han är inte där. Hon somnar. Hon vaknar nästa dag. Oskar är fortfarande inte där. Hon ringer men han svarar inte. Hon tar en taxi till hans hus. Där står hans bil. Men hon kan inte hitta honom och hon kan inte hitta sina vänner. Hon går tillbaka till stugan igen. Det lyser i huset.

Ordförråd

sökande search

förfärlig horrible

ful ugly

leta efter to look for

dela upp to divide

nyheter news

tokig mad, crazy

inbilla sig to imagine

fantasi imagination

bevisa to prove

buskage shrubbery

täckning coverage

skämt joke

uppföra sig to behave

sömnig sleepy

upplevelse experience

använda to use

gå vilse to get lost

trädgård garden

sms text message

genast immediately
säkerhet safety
lysa to shine

Läsförståelsefrågor

Välj enbart ett svar för varje fråga.

6) Först tror Elsa att varelsen är ___.
   a. verklig
   b. ett skämt
   c. Oskar
   d. något i hennes fantasi

7) Senare ser Oskar ___.
   a. ett speciellt träd
   b. ett annat hus
   c. Elsas bil
   d. några täta buskar

8) Elsa somnar i ___.
   a. skogen
   b. båten på sjön
   c. en säng i huset
   d. byn

9) När Elsa vaknar ___.
   a. går hon till en by i närheten
   b. går hon till buskaget
   c. ringer hon Oskars föräldrar
   d. ringer hon sina föräldrar

10) När Elsa kommer tillbaka till sjön ser hon ___.
    a. att stugan brinner
    b. att det lyser i huset
    c. varelsen
    d. Oskar

Kapitel 3 – Presenten

Elsa kunde inte tro sina ögon. 'Det lyser i huset!' tänkte hon. Hon följde stigen ner till sjön. Hon lämnade ryggsäcken vid ett träd och gick fram till huset. Elsa gick runt stugan. Hon försökte titta in genom fönstren. Hon ville se vem som var där inne. Det måste vara Oskar!

'Hallå?' ropade hon. 'Det är Elsa!' Ingen svarade. Plötsligt hörde hon ett ljud inne i stugan. 'OK, Oskar,' tänkte Elsa. 'Det här är inte roligt längre!' Elsa gick fram till dörren och öppnade den. Hon var helt **oförberedd** på vad hon fick se.

Det var fullt med folk i stugan! Alla hon kände var där. Hennes mamma var där, hennes syster, Oskars bror och flera av hennes vänner.

'Elsa!' ropade hennes mamma. 'Så roligt att du är här! Vi har väntat på dig.'

'Hej,' sade Elsa **försiktigt**. 'Vad är det som händer här?'

'Tja,' sade hennes mamma. 'Sätt dig. Låt mig förklara.'

Elsa satte sig på den gamla sängen. 'Jag förstår ingenting. Vad är det som händer?' frågade hon igen. Alla runt henne såg oroliga ut. Ingen sade något. 'Var är pappa?' frågade hon sin mamma.

'Han är på jobbet. Han kommer snart,' svarade mamman.

Elsa såg sig omkring i rummet. 'Kan ingen vara snäll och tala om för mig vad det är som händer?' frågade hon igen.

Mamman reste sig upp. 'Vi tror att Oskar har försvunnit,' sade hon. 'Vi tror att en skogsvarelse har tagit honom.'

'Va? Hur vet du att vi såg en varelse?'

'Oskar skickade ett sms till mig. Han sade att han behövde hjälp. Sedan dog hans mobiltelefon. Vi är här för att leta efter Oskar.'

'Nu?' frågade Elsa förvånat.

'Ja, nu.'

Alla tog sina ryggsäckar och gjorde sig klara att gå och leta efter Oskar. De gick ut ur huset och delade upp sig i grupper.

Elsa stannade i dörren. Hon stod där en stund. 'Jag förstår bara inte,' tänkte hon. 'Oskar skulle inte bara gå iväg själv. Han skulle inte vilja **skrämma** mig. Och varför skulle han skicka ett sms till mamma? Varför inte till mig? Och varför är *mina* vänner här? Och inte hans?' Hon **skakade** på huvudet. 'Det är något som inte **stämmer** här . . . .'

Sedan gick Elsa ut och såg sig omkring. Hon kunde inte se grupperna! Hon kunde inte se någon alls! 'Var är ni?' ropade hon. 'Hallå? Kan någon höra mig?'

Elsa gick mot skogen. 'De är väl redan inne i skogen och letar,' tänkte hon.

'Var är ni allihop? Är det någon där?' ropade hon igen. Ingen svarade. 'Jag förstår absolut ingenting! Alla har försvunnit,' tänkte hon. Hon såg sig omkring, men sedan vände hon om och gick tillbaka. Det var bättre att vänta i stugan än att gå omkring ensam i skogen.

Elsa gick in i stugan och satte sig på sängen igen. Hon väntade några minuter. Ingen kom. Plötsligt hördes ljud från köket.

Hon reste sig upp och gick långsamt mot köket. Hon försökte vara alldeles tyst. Hon ville se vem som var där. Var det kanske någon av hennes vänner? Eller hennes mamma?

Då såg hon den – varelsen! Den var förfärligt ful och den var på väg mot henne! Elsa skrek och **rusade** ut ur stugan.

'Hjälp! Hjälp!' skrek hon. Ingen hörde henne. Hon sprang så fort hon kunde. Men varelsen var snabbare. Den var strax bakom henne. Elsa vände sig om men hon **ramlade omkull** i panik. Hon var så rädd att hon började **sparka**. Varelsen höll i hennes ben. Hon kunde inte **komma loss**!

Elsa ropade på hjälp igen. Men plötsligt **släppte** varelsen hennes ben och ställde sig upp. Den **böjde sig** ner. Den ville hjälpa henne att ställa sig upp! 'Vad är det som händer?' tänkte hon.

Plötsligt såg Elsa människor överallt runt omkring sig. Alla stod där. Och de sjöng något. Det var en sång som hon hade hört många gånger. Då förstod Elsa äntligen alltihop.

Varelsen tog av sig sin fula håriga **dräkt**. Det var hennes pappa! '**Grattis** på **födelsedagen**, Elsa!' sade han. Sedan började han sjunga en gång till. '**Ja må hon leva!**' Och alla de andra sjöng också.

Till sist hurrade alla för Elsa. Och hon visste inte om hon skulle skratta eller **gråta**.

'Pappa, var det du som var varelsen? Var det du hela tiden?' frågade hon.

'Ja, älskling. Det var jag hela tiden. Det var jättekul att spela rollen som hårig varelse.' skrattade han. Sedan fortsatte han, 'Vi planerade att ha festen igår. Men sedan hände det något på mammas jobb. Vi var tvungna att flytta festen till idag. Oskar kom på en jättebra idé. Han föreslog att vi skulle **spela dig ett spratt**. Han gjorde det för att få dig till stugan i två dagar.'

'Jaså? Ja, det var verkligen ett spratt,' sade Elsa medan hon tittade sig omkring. 'Och var är Oskar?'

Oskar kom fram. Han var alldeles **välbehållen**.

'Jag är ledsen, Elsa,' sade Oskar. 'Vi spelade dig ett ganska **elakt** spratt. Men vi ville att det skulle bli en födelsedag som du kommer ihåg! Och du kommer att få en fantastisk present!'

Elsas pappa gav henne ett **kuvert**.

'Ja, det måste verkligen vara en mycket speciell present!' sade Elsa och skrattade. Hon öppnade kuvertet. Det låg många papper inuti. 'Vad är det här?' frågade hon och tittade på pappren.

Elsas familj och vänner lyfte upp henne och bar henne till framsidan av stugan. 'Vi har köpt den här stugan åt dig, älskling! Den är din födelsedagspresent!' sade hennes mamma.

Elsas pappa lade till, 'Vi ska renovera stugan tillsammans. Den ska bli ditt sommarställe!'

Elsa började skratta. Sedan började hon gråta av **lättnad**. Oskar var välbehållen. Hon var välbehållen. Och den här **söta** gamla stugan var hennes!

Till slut kunde Elsa prata igen. 'Jaha,' började hon, 'Jag vill tacka er alla för överraskningen på min födelsedag. Och mamma, pappa, jag kan inte tro det är sant att huset är mitt, tack så mycket!' Sedan tittade hon på sin pappa och på Oskar. 'Pappa, det var en riktig **föreställning**. Jag vill bara ge varelsen ett sista viktigt råd. Han är *inte* välkommen som gäst längre!'

Alla skrattade och sjöng lite till. Sedan gick de in i stugan. Det var dags för kaffe och tårta. Det var också dags för födelsedagsbarnet att vila sig efter chocken!

Kapitel 3 Översikt

Sammanfattning

Elsa går till stugan för att leta efter Oskar. Det lyser i huset. Hon går in. Hennes familj och vänner är där. De säger att de ska leta efter Oskar. Elsa förstår inte. Alla går iväg för att leta i skogen. Elsa är plötsligt ensam. Hon går in i stugan igen. Varelsen är i köket. Den jagar ut henne i skogen. Hon ramlar omkull men varelsen hjälper henne upp. Det är hennes pappa! Alla bara skojar. Det är en födelsedagsöverraskning och stugan är hennes present.

Ordförråd

oförberedd unprepared

försiktigt carefully

skrämma to frighten

skaka to shake

stämma to make sense, be right

rusa to rush

ramla omkull to fall down

sparka to kick

komma loss to get away

släppa to let go, release

böja sig to bend

dräkt costume

grattis congratulations

födelsedag birthday

ja må hon/han leva (*the first line of the traditional Swedish birthday song*)

gråta to weep

spela ett spratt to play a trick

välbehållen safe and sound

elak nasty, evil

kuvert envelope
lättnad relief
söt pretty, sweet
föreställning performance

Läsförståelsefrågor

Välj enbart ett svar för varje fråga.

11) När Elsa kommer tillbaka till stugan hittar hon ___.

    a. Oskar

    b. sin pappa

    c. sin familj och flera av sina vänner

    d. varelsen

12) När Elsa ropar på sina vänner ___.

    a. hör hon ett ljud från sjön

    b. kommer hennes pappa bakom henne

    c. möter hon varelsen

    d. har de försvunnit

13) Elsa bestämmer sig för att ___.

    a. gå till buskaget för att leta efter Oskar

    b. ringa till Oskars mobil

    c. leta efter Oskar i skogen

    d. gå tillbaka till huset

14) När Elsa går in i stugan igen ___.

    a. hör hon ljud i köket

    b. ringer hennes mobiltelefon

    c. kommer Anna och Veronika

    d. somnar hon

15) Varelsen var egentligen ___.
    a. Elsas mamma
    b. Oskar
    c. Elsas pappa
    d. en riktig björn

Riddaren

Kapitel 1 – Guld

Det var en gång ett stort **kungarike**, fullt med intressanta människor, djur och saker. En dag kom en **riddare** till kungariket. Han var klädd i svart och vitt. Han var stor och stark.

Riddaren kom till en stad. Han stannade på **torget**. Han tänkte köpa något. Något mycket speciellt.

Det var ett stort torg, fullt med folk, och det fanns många saker att köpa. Riddaren gick långsamt över torget. Han gick till ett mörkt hörn. Där hittade han den **köpman** han letade efter.

Köpmannen hade många ovanliga **varor** att sälja. Riddaren tittade på varorna.

'God dag, köpman,' sade han.

'God dag, herr riddare,' svarade köpmannen.

'Jag letar efter en **trolldryck**. Har du någon?'

'Trolldryck? Nej, vi har inga trolldrycker här. Inga alls.'

Riddaren tittade köpmannen djupt i ögonen. Sedan sade han, 'Jag tror att du vet vad jag vill ha.'

'Ja, jo . . . trolldryck. Hm . . . Vilken sorts trolldryck?'

'Trolldrycken som ger styrka.'

Köpmannen såg sig omkring. Sedan tittade han på riddaren. 'Jag har inga trolldrycker här. Och den trolldryck du vill ha är mycket **sällsynt**. Det jag behöver för att **blanda** till den är svårt att hitta.' Han gjorde en paus och såg sig omkring igen. Sedan sade han, 'Jag kan göra lite åt dig men till ett mycket högt pris.'

'Jag har guld. Jag behöver två flaskor av trolldrycken som ger styrka. Hur lång tid kommer det att ta att blanda till den?'

'Kom tillbaka i kväll. Då är trolldrycken klar.'

Riddaren **nickade** och gick sin väg.

Riddaren gick tillbaka över torget. Folk tittade på honom. De kände inte igen honom. Men riddaren var en berömd krigare. Han hette Ingemar. Han reste från kungarike till kungarike. Han hade kämpat mot många män, ofta tillsammans med kungar.

Ingemar gick över en stenbro. På andra sidan låg **slottet**. Runt slottet stod höga murar. Ingemar gick fram till **porten**. Två vakter stoppade honom. 'Vem är du?' frågade en av dem.

'Jag heter Ingemar. Jag ska träffa kungen.'

'Det får du inte. Iväg med dig.'

Ingemar tittade på vakterna. Han tog några steg tillbaka. Han tog fram sin **väska** och tog fram ett **brev**. Han gav det till vakten.

'Läs det här brevet. Det är från kungen,' sade Ingemar.

Vakten tittade på brevet. Det såg officiellt ut. Det hade också kungens **sigill**.

'Visst,' sade vakten. 'Kom in.'

Riddaren gick in i slottet. Han gick till ett stort och vackert rum. Där fick han vänta en stund. Flera vakter stod där. De tittade **misstänksamt** på Ingemar. De ville veta varför han var där.

Snart kom kungen. Han hette Harald. Han var helt klädd i lila. Det var kungarnas färg. Han bar guldkedjor runt armar och hals. 'Är det du som är Ingemar?' frågade kung Harald.

'Ja,' svarade Ingemar. Han visade kungen brevet. 'Jag vill tala med dig.'

'Följ med mig,' sade kungen.

Kung Harald och Ingemar gick in i en mindre sal. De satte sig ner. Kungen erbjöd Ingemar en dryck. Ingemar tackade ja.

'Tack för att du kom,' sade kungen. 'Jag ser att du fått mitt brev.'

'Ja. Jag har också hört att du behöver hjälp.'

'Vad är det du har hört?'

'Du behöver någon som kan frakta en **last** med guld till din bror Sigurd. Du behöver en man som du kan **lita på**. Jag är den mannen.'

Kungen funderade i flera minuter. Till slut sade han, 'Och varför skulle jag lita på dig?'

'Jag har hjälpt många kungar i olika strider. Jag har aldrig **förrått** någon. Jag kommer inte att förråda dig.'

'Strider och guld är två olika saker. Och det här är mycket guld.'

'Jag behöver inte guld. Jag har guld.'

'Varför är du här då?'

'Jag tycker om att se nya platser och jag gillar **äventyr**.'

Kung Harald funderade en stund. Han såg misstänksam ut. Ingemar log. Efter en stund sade kungen, 'Bra, Ingemar. Ta guldet till min bror. Jag ska tala med mina vakter.'

'Tack, kung Harald.'

'Tacka mig inte än. Först måste jag höra från Sigurd att guldet har kommit fram. Sedan får du din lön.'

Ingemar lämnade slottet. Han gick bort till vakterna. En av dem ropade, 'Jaså, du har talat med kungen! Vi har precis fått höra nyheterna. Ska du ta guldet till Sigurds kungarike?'

'Ja.'

'Jaha, trevlig resa då!' skrattade vakten. 'Det finns många **faror** på vägen. Du klarar det aldrig!' De andra skrattade också. Sedan blev han allvarlig. 'Vakter,' ropade han, 'förbered guldet. Ingemar ska ge sig iväg i morgon.'

På kvällen gick riddaren tillbaka till torget. Köpmannen väntade på honom. 'Har du mina flaskor med trolldryck?' frågade han.

'Ja, här är de. Det var inte lätt! Och det blir mycket dyrt. Det blir sex guldmynt.'

Riddaren såg förvånad ut men sade ingenting. Han gav köpmannen de sex guldmynten och fick de två flaskorna. 'Tack så mycket, herr riddare,' sade köpmannen. 'Lycka till.'

Nästa dag kom tre vakter fram till Ingemar. De skulle med på **färden**. De hade många vapen. De var beredda på **strid** om det skulle visa sig nödvändigt.

De fyra männen gick till porten vid Norra vägen. Där väntade hästarna, vagnen och **säckarna** med guldet. Norra vägen ledde till Sigurds kungarike.

Vaktchefen hette Olov. Han vände sig till Ingemar. 'Är du klar?' frågade han.

'Ja. Vi kan starta nu.'

'Innan vi ger oss av,' sade Olov, 'måste jag tala om något för dig. Vi är kungens bästa vakter. Vi kommer att **beskydda** dig under färden. Men guldet är inte din **egendom**. Om du försöker **stjäla** det så kommer vi att döda dig.'

'Det är bra att veta,' sade Ingemar leende.

Olov tittade Ingemar direkt i ögonen. 'Det är inte lustigt. Det är sant.'

'Jag förstår det. Nu kör vi.'

Guldet lastades på vagnen. Ingemar tittade på säckarna och log. Hästarna började gå och gruppen rörde sig långsamt framåt.

Kapitel 1 Översikt

Sammanfattning

Riddaren Ingemar reser till kung Haralds rike. Han köper två flaskor trolldryck som ger styrka. Han går sedan till slottet och talar med kungen. Kungen ber Ingemar att frakta guld till kungens bror. Tre vakter kommer att följa med. De ska vakta guldet. De kommer att döda riddaren om han stjäl guldet. Gruppen ger sig iväg på sin färd.

Ordförråd

kungarike kingdom

riddare knight

torg marketplace, square

köpman merchant

vara article, product

trolldryck potion

sällsynt rare

blanda to mix

nicka to nod

slott castle

port gate, door

väska bag

brev letter

sigill seal

misstänksam suspicious

last load

lita på to trust

förråda to betray

äventyr adventure

fara danger

färd journey

strid battle, fight

säck sack
beskydda to protect
egendom property
stjäla to steal

Läsförståelsefrågor

Välj enbart ett svar för varje fråga.

1) Ingemar är klädd i ___.
   a. svart och rött
   b. svart och vitt
   c. svart och blått
   d. vitt och rött

2) Ingemar köper ___.
   a. en flaska trolldryck som ger styrka
   b. två flaskor trolldryck som ger styrka
   c. en flaska trolldryck för att göra guld
   d. två flaskor trolldryck för att göra guld

3) Vid slottsporten talar Ingemar med ___.
   a. kungen
   b. en arg köpman
   c. kungens bror
   d. en vakt

4) Ingemar och vakterna ska frakta ___.
   a. vapen
   b. trolldrycker
   c. en last med guld
   d. vakter

5) Gruppen är på väg till ___.
   a. ett okänt kungarike
   b. kung Haralds brors kungarike
   c. Haralds kungarike
   d. ett torg i kungariket

Kapitel 2 – Färden

Ingemar och vakterna följde Norra vägen. Bakom dem kom hästarna och vagnen med guld. Efter en stund frågade Olov, vaktchefen, 'Ingemar, vad finns det för faror längs vägen?'

'Det är inte någon enkel väg. Vägen är mycket **farlig**,' svarade Ingemar.

'Vad ska vi göra då?'

'Det finns farliga män på den här vägen. Jag föreslår att vi håller oss borta från dem. Vi försöker att **undvika** strid.'

'Är du **skicklig** i strid, Ingemar?'

'Jag är känd för att vara skicklig med vapen.'

'Det låter bra,' sade Olov. De **red** framåt.

Snart red de över en stor stenbro. Den såg ut som bron vid kung Haralds slott.

'Ingemar,' sade Olov. 'Den här bron ser ut precis som slottsbron hemma.'

'Ja. Ni byggde den för länge sedan.'

'Byggde *jag* den?' sade Olov förvånat.

'Nej, inte du. Folket i ditt kungarike. De byggde den för länge sedan. Det fanns en bra **anledning** varför de byggde den. Men jag tänker inte berätta för dig om det just nu.'

Männen red över bron. Sedan kom de till en stor skog full med höga träd. Det fanns inga djur i skogen. Det var alldeles tyst.

'Varför är det så tyst i den här skogen?' frågade Olov.

'Den kallas Tysta skogen. Det finns inga djur här.'

'Varför inte?'

'Det var en stor strid här för länge sedan mellan kung Harald och hans bror.'

Olov var en ung man. Han hade inte hört talas om striden. Han trodde att kung Harald och kung Sigurd litade på varandra.

'Du ser förvånad ut, Olov,' sade Ingemar.

'Det är jag,' svarade Olov.

'Varför då?' frågade Ingemar.

'Jag trodde att de två bröderna aldrig har stridit mot varandra.'

Ingemar skrattade. 'Åh, jag förstår. Jo, det gjorde de. Men det var för många år sedan.'

Männen fortsatte färden. Tysta skogen var mycket mörk. Träden var så höga att man knappt kunde se **dagsljuset**. Senare frågade Olov, 'Vet du vart vi är på väg, riddare?'

'Ja. Jag har varit här förut.'

'När då?' frågade Olov.

'För länge sedan.' Ingemar tänkte tillbaka. Han kom ihåg striden mellan kung Harald och kung Sigurd. Det var en av de största striderna i historien. Tidigare kallades skogen Djurskogen men efter striden förvandlades den till Tysta skogen.

Ingemar fortsatte att prata. 'När jag var ung stred jag för kung Harald. Jag var med i striden i den här skogen.'

'Vad handlade striden om?'

'Det var kung Sigurd som började striden.'

'Varför stred han mot sin bror?'

'Kung Harald ville ha en **källa** som fanns i skogen.'

Ingemar var tyst i flera minuter. Olov var också tyst men han funderade. Han ville veta mer om den stora striden. Han hade alltid trott att kung Harald var en kung som ville ha **fred**.

'Får jag fråga dig något, Ingemar?'

'Ja.'

'Vad för slags källa var det?'

'Vänta och se,' var allt Ingemar sade.

Ingemar och Olov sade ingenting på en lång stund. De två andra vakterna var också tysta. Det fanns bara träd och tystnad – inget annat. Till slut kom gruppen fram till en sjö.

'Vi är framme,' sade riddaren.

'Vad är det här?'

'För länge sedan var den här sjön en källa.'

'Källan från striden?'

'Ja.'

Vakterna och riddaren gick ner till sjön. Ingemar började berätta. 'För länge sedan fanns det en källa här. Det fanns inte så mycket vatten i den. Inte som i sjön här. Men det **ursprungliga** vattnet var magiskt. Om man drack vattnet fick man särskilda **krafter**.'

'Vad då för krafter?' frågade en av vakterna.

'Om en person drack vattnet blev han eller hon väldigt stark.'

Olov kupade händerna. Han drack lite av vattnet.

'Det **smakar** som vanligt vatten,' sade han.

'Ja visst,' sade Ingemar. 'Det är vanligt vatten nu. Det var magiskt för länge sedan.'

Olov **torkade** händerna och frågade, 'Vad hände då? Varför är inte vattnet magiskt nu?'

Ingemar tittade på honom och började berätta. 'Både Harald och Sigurd ville ha **makt**. De gjorde allt för att få det. En dag hörde de talas om en källa med vatten som gjorde folk starka. Genast ville båda kungarna ha den. De skyndade sig till skogen. När de träffades vid källan började striden.'

'Vad gjorde de då?' frågade Olov.

'Båda kungarna kallade på sina soldater. Striden höll på i dagar, veckor och månader. Det var förfärligt. Under striden drack männen så mycket vatten de kunde. De ville bli så starka att de kunde vinna. De lät sina hästar rulla sig i vattnet. De gick igenom vattnet. De **badade** i det. Snart blev vattnet **smutsigt**. Det kunde inte användas längre.'

Han tittade på vakterna. 'Efter en tid torkade källan. Regnet kom och **skapade** sjön. Men vattnet var inte magiskt längre.'

Olov tittade på honom. 'Så det var slutet på historien?'

'Inte riktigt,' svarade Ingemar. Han gav Olov en allvarlig blick. 'Sigurd hade sparat en liten mängd magiskt vatten. Och han kände till en **hemlighet**. Man kan tillverka magiskt vatten. Man behöver lite av det ursprungliga vattnet och gott om tid.'

'Jaså, det är hemligheten . . . ,' började Olov.

'Ja, det är en del av hemligheten. Kom nu. Vi måste rida vidare.'

Gruppen fortsatte sin färd. Snart lämnade de skogen. Solen lyste. Träden var inte så höga. **Utsikten** var vacker.

'Var är vi någonstans?' frågade Olov.

'Vi är nästan framme vid Sigurds slott. Det var bra att vi inte mötte några faror på vägen.'

Olov tittade på honom. 'Finns det verkligen faror i skogen?'

Ingemar såg sig om. 'Ja. Varför tror du vi reser på dagen? Det är mycket farligare på natten.'

'Varför talade du inte om det för mig?'

'Jag trodde inte att du skulle följa med,' sade Ingemar och skrattade. Sedan sade han, 'Nu fortsätter vi lite till.'

Gruppen kunde snart se en stad. Där fanns ett stort slott. Vakterna hade aldrig varit i ett annat kungarike förut. De såg sig **nyfiket** omkring. 'Är vi framme?' frågade Olov.

'Ja, det här är Sigurds kungarike. Och där är hans slott. Vi tar guldet dit.'

Olov gjorde en paus. 'Ingemar,' började han, 'Det är något jag inte har frågat dig . . . .'

'Vad är det?'

'Varför skickar kung Harald guld till sin bror?

'Kung Harald **förlorade** striden i Tysta skogen. Nu måste han betala guld till sin bror vart femte år.'

'Varför betalar han? Kan de inte sluta fred?'

'De slöt fred. Men Sigurd har något som Harald inte har. Harald måste köpa det.'

Olov tittade förvånat på Ingemar. 'Vad har Sigurd?'

'Magiskt vatten. Harald köper det för att hålla sitt folk på gott humör. De använder det för att göra en trolldryck som ger styrka. Samma dryck som i de här två flaskorna.' Ingemar tog fram de två flaskorna med trolldryck som han hade köpt.

'Jag har hört talas om trolldrycken! Fungerar den verkligen?'

'Det gör den,' sade Ingemar. Han lade tillbaka de små flaskorna och tittade på Olov. 'Men den fungerar bara om den är gjord av äkta magiskt vatten. Kom nu. Det är dags att gå till kung Sigurd.'

Kapitel 2 Översikt

Sammanfattning

Ingemar och kung Haralds vakter börjar sin färd. På vägen berättar riddaren en historia. Harald kämpade mot sin bror Sigurd i en stor strid. Striden handlade om en källa med magiskt vatten som gav människor styrka. Under striden försvann vattnet. Men kung Sigurd har fortfarande magiskt vatten kvar. Han säljer det till kung Harald. Harald betalar med guld.

Ordförråd

farlig dangerous

undvika to avoid

skicklig skilful, capable

rida to ride (on an animal)

anledning reason

dagsljus daylight

källa well

fred peace

ursprunglig original

kraft force, strength

smaka to taste

torka to dry

makt power

bada to bathe, to swim

smutsig dirty

skapa to create

hemlighet secret

utsikt view

nyfiken curious

förlora to lose

Läsförståelsefrågor

Välj enbart ett svar för varje fråga.

6) Ingemar ___.
   a. kan vägen till Sigurds kungarike
   b. kan inte vägen till kungariket
   c. frågar efter vägen till kungariket
   d. går vilse på vägen

7) ___ reser till Sigurds kungarike.
   a. Tre vakter och Ingemar
   b. Två vakter och Ingemar
   c. En vakt och Ingemar
   d. Bara Ingemar

8) I Tysta skogen ___.
   a. har ingenting någonsin hänt
   b. var det en strid mellan två bröder
   c. var det ett okänt krig
   d. finns det många djur

9) Källan i Tysta skogen ___.
   a. existerar fortfarande
   b. existerade aldrig
   c. är borta nu
   d. var alltid en sjö

10) När männen rider ut ur Tysta skogen ___.
   a. ser de en annan skog
   b. kan de se havet
   c. bestämmer de sig för att åka tillbaka till kung Haralds rike
   d. kan de se kung Sigurds rike

Kapitel 3 – Hemligheten

Ingemar, Olov och vakterna red mot Sigurds slott. 'Hur ska vi ta oss in i slottet?' frågade Olov.

'Genom slottsporten,' sade Ingemar och skrattade. Sedan gav han Olov en konstig blick. Olov tittade tyst på honom. 'Någonting känns fel,' tänkte Olov.

Gruppen färdades först genom **landsbygden**. De såg många fält där det växte **säd**. De red förbi många **bönder** som arbetade på fälten. Bönderna bodde utanför slottsmurarna. De producerade mat till människorna i kungariket.

En av bönderna såg gruppen. De var i närheten av hans fält. Han slutade arbeta och tittade på dem.

'God eftermiddag, herr riddare!' sade bonden till Ingemar.

'God eftermiddag,' ropade Ingemar tillbaka.

'Vart är ni på väg?'

'Vi ska till slottet. Vi ska träffa kungen.'

Bondens **fru** kom fram. 'Vad är det för män?' **viskade** hon till sin man. Hennes man svarade inte. Sedan frågade bonden, 'Vem är ni? Jag ser att er vagn har en tung last.'

'Kung Harald har skickat oss. Han har gett oss ett viktigt **uppdrag**.'

Bonden tänkte en stund. Sedan sade han, 'Jag hoppas att det inte har hänt något allvarligt?' Han tittade oroligt på Ingemar.

'Nej, oroa dig inte,' svarade Ingemar med ett leende. 'Allt är **i sin ordning**.'

'Så bra. Ha en trevlig resa i så fall,' sade bonden och gick tillbaka till arbetet.

Gruppen fortsatte förbi fälten. Olov vände sig till riddaren. 'Det verkade som om de var rädda,' sade han.

'Det var de.'

'Men varför?'

'Därför att det finns en hemlighet. Bara folket i det här kungariket känner till den. Och de vill att den ska fortsätta att vara hemlig.'

'Och vad är det då? Är det något farligt?'

Ingemar svarade inte.

Snart kom männen fram till en stor stenbro utanför staden. Den här bron såg också ut som kung Haralds bro. Två vakter stod på bron. En av dem kom fram. Han tittade på Olov. 'Är ni kung Haralds män?'

'Ja. Jag representerar kungen,' svarade Olov. Sedan pekade han på Ingemar. 'Riddaren här beskyddade oss under resan. De två andra vakterna är också med oss.'

Vakten tittade på vagnen. Sedan frågade han, 'Är det guldet?'

'Ja,' svarade Ingemar. 'Det är guldet.'

'OK,' sade vakten. 'Ni kan passera.'

Olov tittade förvånat på Ingemar. 'Ingemar verkar känna till Sigurds kungarike ovanligt väl,' tänkte Olov.

Gruppen gick över bron och in på torget. Det var mycket folk där. Många av dem var köpmän. Andra var bönder. Männen gick över torget. Plötsligt såg Olov förvånad ut. 'Jag känner igen den här platsen,' sade han.

'Den ser ut som torget utanför kung Haralds slott,' sade Ingemar.

'Ja, de är nästan exakt lika!'

'För länge sedan var de två kungarikena **förenade**,' förklarade Ingemar. 'Det är därför de liknar varandra. Det var före den stora striden. Nu träffas **invånarna** inte alls. Folken i de två kungarikena tycker inte om varandra längre.'

Hästarna och vagnen närmade sig slottsporten. Slottet var också mycket likt kung Haralds. Man kunde nästan tro att det var samma slott.

Kung Haralds två vakter började lasta av guldet. Ingemar och Olov gick för att träffa kung Sigurd. De gick in i kungens rum. 'Välkomna till mitt kungarike!' sade kungen.

'Tack, Ers Majestät,' svarade Ingemar.

'Ingemar, det är verkligen du! Jag är så glad över att se dig igen.'

'Jag är glad över att se er också, Ers Majestät.'

Olov förstod inte alls. Hur kunde Ingemar och kungen känna varandra?

'Har du med dig guldet, Ingemar?'

'Ja, det är ert.'

'Underbart. Då kan vi sätta igång med vår plan.'

Olov såg förvånad ut. 'Vad är det för plan?' tänkte han.

Ingemar tog fram flaskorna med trolldrycken. Han hade köpt dem på torget i kung Haralds rike. Han gav dem till kung Sigurd som mätte mängderna noga.

'Vad är det som händer?' frågade Olov.

Ingemar och Sigurd tittade på varandra. Sedan sade Ingemar. 'Jag måste berätta något för dig, Olov,' började han.

Olov tog några steg tillbaka. Han var rädd. Hur kände kungen och Ingemar varandra? Varför hade Ingemar köpt trolldrycken? Kung Sigurd hade magiskt vatten. Han kunde väl göra trolldrycken själv?

Ingemar kom fram till honom. 'Olov,' började han igen. 'Det magiska vattnet **tog slut** för länge sedan.'

'Va? Vet kung Harald om det?'

'Nej, det gör han inte.'

'Men vi måste tala om det för honom!' Ingemar tittade på Olov som blev mycket misstänksam. 'Varför gav du trolldrycken till kung Sigurd? Det är ett **förräderi** mot kung Harald!'

'Det här är den allra sista trolldrycken som ger styrka. Sedan finns det inget mer magiskt vatten. Förstår du?'

Olov nickade.

Ingemar fortsatte, 'Vi ska försöka göra nytt magiskt vatten. Vi kommer att använda den här trolldrycken istället för det magiska vattnet.' Sedan **tillade** Ingemar, 'Vi har alltid använt magiskt vatten tidigare. Men det här kan fungera, hoppas vi.'

Olov var arg. 'Har vi betalat guld för ingenting? Du har förrått mig, Ingemar!' skrek han. 'Du har förrått kung Harald!'

'Ja, jag ljög. Men jag gjorde det för att bevara freden,' sade Ingemar. 'Jag vill inte ha blod på mina händer.' Han tittade på Olov och hoppades att han skulle förstå.

'Hur kommer det här att bevara freden? Hemligheten är att det magiska vattnet är slut. Ingen i kung Haralds rike vet det nu men snart kommer folk att få reda på det. Då kommer Harald att förstå att du stal guldet.'

Ingemar slutade le. 'Olov, kung Harald får inte veta att det inte finns något mer magiskt vatten. Resultatet skulle bli **krig**. Freden kommer att vara slut. Kung Harald kommer att **anfalla** kung Sigurd. Därför måste vi försöka göra nytt magiskt vatten.'

'Så du ska göra magiskt vatten till Harald med trolldrycken i flaskorna?' frågade Olov.

'Ja. Bara för att bevara freden.' Sedan tillade Ingemar, 'Om vi kan.'

Olov tittade misstänksamt på Ingemar igen. Kommentaren oroade honom. 'Vad menar du med "*om* vi kan"?'

Ingemar tittade på Olov. Sedan pratade han långsamt. 'Vi gör oftast nytt magiskt vatten av gammalt magiskt vatten. Vi blandar det magiska vattnet med vanligt vatten. Då blir det vanliga vattnet också magiskt. Men nu finns inget mer rent magiskt vatten. Det ursprungliga vattnet är slut.'

'Och?'

'Vi ska försöka.'

'Försöka vad?'

'Vi ska försöka göra magiskt vatten av den här trolldrycken. Den innehåller det allra sista ursprungliga vattnet. Vi kommer att blanda trolldrycken med vanligt vatten. Kanske blir det vanliga vattnet magiskt.'

'Kanske? Kanske?' skrek Olov. 'Och tänk om det inte gör det? Om det inte finns något mer magiskt vatten . . . .'

Ingemar sade ingenting. Till sist talade kung Sigurd. 'Om trolldrycken inte fungerar,' förklarade han, 'då var striden i Tysta skogen inte den sista. Det kommer att bli krig igen.'

Kapitel 3 Översikt

Sammanfattning

Ingemar och vakterna kommer fram till kung Sigurds rike. Ingemar och kungen verkar känna varandra. Riddaren ger kungen två flaskor trolldryck. Sedan berättar Ingemar en stor hemlighet för Olov. Sigurd har inget magiskt vatten att sälja. Sigurd och Ingemar ska försöka göra mer magiskt vatten. De ska använda trolldrycken. Om de inte kan göra mer vatten kommer det att bli krig igen.

Ordförråd

landsbygd countryside

säd corn, grain

bonde farmer

fru wife

viska to whisper

uppdrag assignment, mission

i sin ordning in order

förenad united

invånare inhabitant

ta slut to end, to finish

förräderi treason

tillägga to add

krig war

anfalla to attack

Läsförståelsefrågor

Välj enbart ett svar för varje fråga.

11) Den första personen i kungariket som pratar med männen är ___.
    a. kungen
    b. en vakt
    c. en bonde
    d. en bondes fru

12) Torget i Sigurds kungarike ___.
    a. är inte alls som kung Haralds
    b. ser ut som kung Haralds
    c. är stängt
    d. har en magisk källa

13) Ingemar och kung Sigurd ___.
    a. kämpar mot varandra
    b. känner inte varandra
    c. känner varandra
    d. arbetar för kung Harald

14) Ingemar ger Sigurd ___.
    a. ett vapen
    b. en flaska trolldryck
    c. två flaskor trolldryck
    d. en flaska vanligt vatten

15) Hemligheten i Sigurds kungarike är att ___.
    a. det magiska vattnet är slut
    b. kung Harald kommer att anfalla Sigurd
    c. Ingemar och kung Sigurd är samma person
    d. guldet inte är äkta

Klockan

Kapitel 1 – Legenden

Karl var **urmakare**. Han var i 40-årsåldern och hade ingen egen familj. Hans föräldrar bodde i Stockholm. Själv bodde Karl på Gotland i ett litet hus på en lugn gata i Visby.

Karl var smal men stark. Han hade sin egen **verkstad**. Han lagade klockor och **tillverkade** också egna klockor av hög kvalitet.

Karl arbetade många timmar varje dag och ofta till sent på kvällen. Hans verkstad låg nära stranden inte långt från **ringmuren**. Vid arbetsdagens slut gick han ofta ned till **havet** för att få lite frisk luft och för att sträcka på benen.

En kväll mötte Karl en gammal vän på sin promenad. Hon hette Susanne. 'Hej Karl! Hur är det med dig?' sade hon.

'Hej Susanne. Vad gör du här?'

'Jag är ute och går, precis som du,' skrattade Susanne.

'Det låter bra. Vi kan **göra sällskap**.'

Karl och Susanne var länge ute och gick. De pratade om allt möjligt. 'Hur är det på jobbet?' frågade Susanne, 'Har du mycket att göra?'

'Ja, jag har massor av jobb. Firman går fint. Jag är väldigt **nöjd**.'

'Kul för dig.'

Susanne var **säkerhetsvakt**. Hon jobbade i **hamnen**. Hon berättade för Karl att hon gillade sitt jobb. Hon tyckte också om att gå längs stranden och såg ofta intressanta saker där. Idag hade hon faktiskt hittat ett mycket speciellt **föremål**.

'Vet du vad,' började Susanne. 'Jag hoppades att jag skulle träffa dig idag.'

'Jaså?' svarade Karl.

'Ja. Jag har hittat något på stranden. Och jag vet inte vad jag ska göra med det.'

'Vad har du hittat, Susanne?'

Susanne tog fram en klocka. Den såg gammal ut men den verkade vara av mycket god kvalitet. 'Kan du tala om för mig vad det här är för sorts klocka?' frågade hon.

'Låt mig titta efter,' sade Karl.

Karl tog klockan och tittade noga på den. 'Jag har ingen aning om vad det är för modell,' sade han till slut.

Susanne blev förvånad. 'Vet du ingenting om den?'

'Tja, jag ser att det är en mycket gammal klocka. Jag är bara inte säker . . . .' Han gjorde en paus och tittade på henne. 'Behöver du gå till jobbet just nu, Susanne?'

'Nej, jag är ledig ikväll.'

'Följ med till min verkstad. Jag har några böcker som vi kan titta i.'

Karl och Susanne gick till Karls verkstad. Den var full av klockor och **verktyg**, allt som Karl behövde för jobbet. Susanne hade aldrig varit i verkstaden förut. Hon tyckte det var spännande. 'Oj!' sade hon. 'Vad du har många saker här!'

'Ja, en urmakare behöver massor av olika verktyg för att kunna jobba med klockor.'

'Ja, jag ser verkligen det!'

Karl bad Susanne att följa med honom. Han lade ner klockan på ett bord och de gick in i ett annat rum. Där fanns det många böcker. Några var mycket gamla. Många namn var svåra att läsa.

'Vad gör vi här?' frågade Susanne.

'Vi letar efter information,' svarade Karl.

'Information om vad?'

'Om vad det är för typ av klocka. Jag har aldrig sett någon sådan förut!'

Karl och Susanne letade i böckerna. Efter en stund hittade Susanne någonting intressant i en bok om **Östersjön**. 'Karl! Lyssna på det här!' ropade hon.

Karl stängde sin bok och gick till Susanne.

'Vad är det?'

'Det är en bok om pirater!'

Karl blev förvånad. En bok om pirater? Varför skulle en bok om pirater handla om en klocka? Det lät inte klokt.

Susanne förklarade, 'Den här boken heter "Östersjöns pirater." Den handlar om Sverige och kampen mot piraterna på Östersjön.'

'Jag förstår fortfarande inte. Klockan då?'

'Lyssna här,' sade Susanne. 'Enligt boken fanns det en berömd piratkapten som hette Erik Kraken. Han hade en väldigt speciell typ av klocka. Det står att den hade magiska krafter.'

'Magiska krafter? Vad då för krafter?' frågade Karl.

'Folk sade att Erik Kraken kunde resa i tiden.' Susanne fortsatte, 'Det står att klockan hjälpte honom att resa i tiden!'

Karl skrattade och sade, 'Det är bara en legend. En pirat som reste i tiden? Och med hjälp av en klocka? Det kan inte vara sant!'

Då hördes ett ljud från verkstaden. 'Vad var det?' frågade Karl.

'Jag vet inte,' svarade Susanne. 'Vi går och tittar!'

De gick tillbaka till verkstaden. De såg sig omkring. Klockan var borta! 'Någon har stulit klockan!' utbrast Karl.

'Där ser du! Den måste vara speciell. Det är ingen vanlig klocka!' sade Susanne.

Sedan såg Karl plötsligt att dörren till verkstaden stod öppen. Han hörde snabba fotsteg utanför. Någon sprang nerför gatan.

Karl tittade på Susanne och började springa. 'Skynda dig! Spring!' ropade han.

Karl och Susanne sprang ut ur verkstaden. De sprang ner mot stranden. När de kom dit såg de **fotspår** i sanden. Djupa och stora fotspår, som om de kom från en **kraftig** man.

Plötsligt stannade Susanne. Hon pekade på en stor man i svart som sprang längs stranden. 'Titta Karl! Där är han!' ropade hon.

Karl sprang efter mannen och ropade, 'Hallå! Stanna! Stanna genast!' Mannen lyssnade inte. Han fortsatte att springa. Karl ropade en gång till, 'Stanna! Stanna!'

Mannen lyssnade inte nu heller. Karl sprang ännu fortare. Till slut kom han ikapp mannen. Karl knuffade till honom och båda ramlade omkull i sanden. Mannen ropade högt, 'Släpp mig! Jag har inte gjort något! Vad vill du?'

Karl ställde sig upp. Han tittade på mannen. Han såg verkligen annorlunda ut. Hans kläder såg mycket **gammalmodiga** ut, precis som kläder man hade för flera hundra år sedan. Han hade också en märklig omodern **frisyr**.

Mannen reste sig långsamt upp. Han **borstade av** sanden från kläderna. Han höll klockan i handen och tittade misstänksamt på dem. 'Vad vill ni? Varför tittar ni på mig så där?' ville han veta. Den kraftige mannen talade en svenska som lät ganska konstig.

Karl tittade på honom och sade, 'Du stal min klocka. Du kom in i min verkstad och tog den.'

'Nej!' sade den kraftige mannen. 'Du stal den från mig! Jag har bara tagit tillbaka den! Den är min!'

Karl och Susanne tittade på varandra. Till slut frågade Susanne, 'Vem är du?'

'Jag är Erik Kraken. Nu får ni ursäkta mig. Jag måste tillbaka till 1600-talet.'

Kapitel 1 Översikt

Sammanfattning

Karl är urmakare och bor på Gotland. Han träffar sin vän Susanne på stranden. Hon visar honom en mycket gammal klocka. De går till Karls verkstad och tittar noga på klockan. En bok berättar om piraten Erik Kraken. Han ägde klockan på 1600-talet. Med klockans hjälp kunde han resa i tiden. Plötsligt märker Karl och Susanne att klockan är borta. De hör fotsteg. De jagar en man till stranden. Mannen säger att han är Erik Kraken. Han vill resa tillbaka till sin egen tid.

Ordförråd

klocka watch, clock

urmakare watchmaker

verkstad workshop

tillverka to make, to produce

ringmur stone wall

hav sea

göra sällskap to go together

nöjd satisfied

säkerhetsvakt security guard

hamn harbour, (*Am. Eng.*) harbor

föremål object

verktyg tool

Östersjön the Baltic Sea

fotspår footprints

kraftig big, sturdy

gammalmodig old-fashioned

frisyr hairstyle

borsta av to brush off

Läsförståelsefrågor

Välj enbart ett svar för varje fråga.

1) Karl arbetar som ___.
   a. urmakare
   b. fiskare
   c. pirat
   d. säkerhetsvakt

2) Vid arbetsdagens slut gillar Karl att ___.
   a. promenera på Visbys gator
   b. promenera runt i sin verkstad
   c. promenera längs stranden
   d. jobba med klockor

3) Susanne är Karls ___.
   a. flickvän
   b. fru
   c. dotter
   d. vän

4) Legenden berättar att klockan ___.
   a. försvann för längesedan
   b. kan visa tiden
   c. har magiska krafter
   d. ägs av en känd urmakare

5) Klockan försvinner från Karls verkstad därför att ___.
   a. Susanne stjäl den
   b. en okänd man tar den
   c. de tappar bort den
   d. de glömmer den på stranden

Kapitel 2 – Pirater

Karl och Susanne tittade på den **underlige** mannen framför sig. Till slut sade Karl, '1600-talet? Resa tillbaka? Menar du att . . . du är den riktige Erik Kraken?' frågade han. Mannen sade ingenting. Han försökte använda klockan.

Karl gick närmare. Mannen såg verkligen ut som en gammal pirat. Han hade samma svarta kläder som pirater som man läser om i sagor och andra böcker. 'Kan det vara sant?' frågade Karl.

Mannen tittade på dem och svarade, 'Ja, det är jag.'

Nu förstod Karl. Klockan hade verkligen speciella krafter. 'Legenden är alltså sann!' sade han.

'Vilken legend?' frågade Erik.

'Legenden om din klocka.'

Erik tittade på Karl och Susanne. 'Vad vet du om min klocka?' sade han.

Susanne svarade, 'Det står skrivet om den i en bok som Karl har.'

'En bok, säger du?' sade Erik med ett leende. 'Ha! Jag är alltså berömd! Bra.'

'Nej . . . . Inte du. Bara din klocka.'

Erik gick längs stranden. Han funderade. Han tittade på klockan och sade, 'Klockan är min. Men jag har inte köpt den. Jag hittade den. Jag tog den från en annan pirat.'

'En annan pirat?' sade Karl.

'Ja, en död pirat!' skrattade Erik. Sedan blev han allvarlig. 'Jag vet inte vem han var. Ingen vet. Men jag har klockan här!' Han började leka med den igen.

Karl tittade på Erik som försökte använda klockan. Men den fungerade inte. Då förstod Karl något. Erik Kraken hade bara hittat klockan. Han visste inte säkert hur den fungerade. Han visste inte heller varför den hade magiska krafter.

Karl tittade på piraten och sade, 'Vet du hur klockan fungerar, Erik?'

'Självklart gör jag det,' ropade Erik. Sedan tittade han på Karl igen. 'Hm,' sade han. 'Jag vet inte exakt hur den fungerar. Jag tror att flera **omständigheter** är inblandade. Ibland håller jag den i handen och den för mig framåt i tiden. Som den gjorde här. Sedan, sju timmar senare, håller jag den i handen igen. Då **återvänder** jag till min egen tid. Jag vet inte exakt varför den startar eller stannar.' Erik gjorde en paus.

'Men varför vill du resa i tiden?'

'Jag gillar att se hur saker och ting har **förändrats**. Det finns inga fler pirater nu. Det finns bara höga hus överallt. Och vet du att det finns flygande maskiner också? **Otroligt**!'

Karl och Susanne log. Erik visste verkligen inte mycket om den moderna världen.

Erik tittade på klockan igen. Sedan ropade han, 'Lämna mig i fred nu! Det är nästan dags. Sex timmar och 58 minuter! Snart kan jag återvända till min tid och plats. Och jag får inte bli sen!'

Karl och Susanne tittade på varandra. 'Vad tycker du, Susanne?' frågade Karl tyst.

'Vad är det du undrar?'

'Vill du resa till Gotland på 1600-talet?'

Susanne funderade.

'Kom igen! Det blir roligt!' sade Karl.

'Stressa mig inte!' Susanne funderade en stund till. Sedan sade hon, 'OK. Vi följer med!'

Karl och Susanne gick fram till Erik Kraken och sade, 'Vi vill följa med dig.'

'Nej,' sade Erik.

'Vad menar du med "Nej"?' frågade Karl.

'Jag menar . . . nej,' sade Erik. Han tittade bara på Karl.

'Men vi vill också se hur saker och ting har förändrats. Vi vet hur den moderna världen ser ut. Vi vill se hur det var *förr*. Precis som du vill veta hur det är *nu*.'

Plötsligt fick Erik en konstig blick i ögonen. Det var som om han fick en idé. 'Åh, vänta nu. Ni kan allt om den moderna världen . . . ,' Han gjorde en paus. 'OK. Ni kommer med mig. Jag har kanske en uppgift åt er. Blir det bra?'

'OK!' svarade Karl. 'Vi rör alltså vid klockan allihop?'

'Ja. Lägg bara händerna på klockan. Ställ er på plats. Skynda er!'

De rörde vid klockan alla tre. Plötsligt stod de på stranden igen men det var 1600-tal och de stod mitt i piraternas **läger**. Metoden var förvånansvärt enkel och effektiv.

Karl och Susanne släppte klockan. Flera pirater tittade på dem. En av dem var en välväxt man med ljus **hy** och långt hår. Han gick fram till Erik Kraken. 'God morgon, kapten! Du är tillbaka igen!' Sedan tittade han på Karl och Susanne och tillade, 'Och du har med dig gäster?'

Erik log. 'Ja, Frans. Det har jag,' svarade han. Sedan vände han sig till de andra piraterna. 'Lyssna nu!' ropade han. 'De här personerna är . . . ,' Erik Kraken gjorde en paus. Han tittade på sina gäster och frågade, 'Eh . . . vad heter ni?'

'Karl och Susanne,' svarade de.

'Just det! Pirater! Det här är Karl och Susanne!'

Männen lyssnade inte så noga på Erik. Tokiga saker hände ofta på grund av klockan. 'Ja, Karl och Susanne . . . ,' fortsatte Erik med ett mystiskt leende. 'Och de kommer att hjälpa oss. De kommer att hjälpa oss att vinna idag!' Det **fångade** piraternas intresse och de ropade glatt.

'Vinna?' sade Karl. 'Vinna vad?'

Erik vände sig till Karl och Susanne. Sedan vände han sig tillbaka till sina män. 'Ni kommer hjälpa oss att vinna striden, Karl och . . . eh . . . Susanne.'

'Strid?' ropade Susanne. 'Vilken strid?'

'Striden mot de svenska **skeppen**.'

'Va? Det sade du ingenting om!' sade hon.

Erik Kraken brydde sig inte om dem mer. 'Tillbaka till arbetet!' ropade han till sina män. Sedan gick han och piraten som hette Frans till Eriks **tält**.

Karl och Susanne blev lämnade ensamma. De tittade på havet. Det var fullt med piratskepp. En stund senare kom Frans tillbaka. 'Jag är **ledsen**,' sade han.

'Va? Varför är du ledsen?' frågade Susanne.

'Därför att Erik är galen.'

Susanne och Karl tittade på varandra. 'Galen?' frågade Karl.

'Galen.' Frans gjorde en paus och tittade på dem. 'Alldeles galen.'

'Jag förstår,' svarade Karl. 'Och varför säger du det?'

'Han tror att han kan **utnyttja** er.'

'Utnyttja oss?'

'Ja. För att stoppa de svenska skeppen. Svenskarna känner till klockan. Deras mål är att få tag på den till varje pris. De anfaller oss varje natt. Erik måste stoppa dem. Han påstår att ni kan hjälpa till.'

Det hördes stridsljud långt borta. De första skeppen hade anfallits. Svenskarna var på väg! 'Hur vill Kraken att vi ska hjälpa till?' frågade Karl.

'Han påstår att ni två vet vad som kommer att hända. Ni lever i framtiden . . . .'

'Nej, nej, nej, vi vet inte vad som kommer att hända. Vi vet ingenting om den här striden. Vi känner bara till klockan! Och den är också bara en legend!'

Frans tittade ner. 'Erik kommer att bli **besviken**. Han gör vad som helst för att behålla den där klockan. Om ni inte kan hjälpa honom kommer han inte att behöva er längre.' Han gav dem en allvarlig blick. 'Saker och ting kan bli väldigt **otäcka**.'

Susanne och Karl tittade på varandra. De kände sig plötsligt mycket rädda. 'Oj då . . . vad kan vi göra?' frågade Susanne.

'Ni måste stjäla klockan,' förklarade Frans. 'Om kaptenen inte har klockan blir det ingen strid!'

'OK. När då?'

'I eftermiddag inträffar det en viktig strid. Kapten Kraken kommer att vara där med många skepp. Ni måste ta klockan ifrån honom. Sedan reser ni tillbaka till er tid och kommer aldrig tillbaka.'

Frans återvände till Eriks tält. Karl och Susanne satt på stranden. 'Vad kan vi göra? Jag är bara urmakare. Du är säkerhetsvakt,' sade Karl. 'Hur kan vi stjäla från en pirat?'

'Vi måste hitta på ett sätt,' svarade Susanne. 'Vänta! Jag har en idé!'

Kapitel 2 Översikt

Sammanfattning

Mannen på stranden är piraten Erik Kraken. Han använder den magiska klockan för att resa i tiden. Han har precis anlänt från 1600-talet. Karl och Susanne reser tillbaka till 1600-talet med Erik. När de kommer fram vill Erik att de ska hjälpa honom. Han måste vinna en strid. En annan pirat vill att Karl och Susanne stjäl klockan från Erik. Då kommer svenskarna inte att strida mot piraterna.

Ordförråd

underlig strange

omständighet circumstance

återvända to return

förändras to change

otroligt unbelievable

läger camp

hy complexion

fånga to catch

skepp ship

tält tent

ledsen sad, sorry

utnyttja to use, to exploit

besviken disappointed

otäck nasty

Läsförståelsefrågor

Välj enbart ett svar för varje fråga.

6) Klockans kraft låter folk ___.

   a. resa i tiden

   b. bara resa till 1600-talet

   c. bara resa till 2000-talet

   d. bara se vilken tid det är

7) Erik reser tillbaka till 1600-talet med ___.

   a. Karl

   b. Susanne

   c. Karl och Susanne

   d. Frans

8) Erik vill ___.

   a. strida mot de svenska skeppen

   b. fly från de svenska skeppen

   c. bo på Gotland med Karl och Susanne

   d. ge klockan till en svensk kapten

9) Erik tror att Karl och Susanne kan ___.

   a. ta honom till deras tid

   b. tala om för honom vad som kommer att hända i striden

   c. tala med de svenska anfallarna

   d. hjälpa Frans på skeppet

10) Frans ber Karl och Susanne att ___.

   a. resa tillbaka till sin egen tid

   b. stjäla klockan

   c. strida mot de svenska skeppen

   d. ge sig iväg från Erik

Kapitel 3 – Striden

Ett par timmar senare var alla klara för strid. Erik, Frans, Karl och Susanne gick ombord på Erik Krakens skepp. Det var väldigt stort och hade många **kanoner**. Det var piratens personliga favoritskepp. Frans var hans **styrman**. Kraken **seglade** alltid med honom.

Erik Kraken stod högt upp vid **rodret**. Frans visade Karl och Susanne resten av skeppet. 'Vad tycker ni om den här **skönheten**?' frågade han.

Susanne tittade sig omkring och log. 'Hon är fantastisk! Jag är ombord på ett riktigt piratskepp. Det här är otroligt!' sade hon.

Frans skrattade. 'Det här är ingenting,' sade han. 'Vi upplever det varje dag.'

Frans tog med sig Karl och Susanne tillbaka till rodret. Skeppet rörde redan på sig. Vinden var ganska kall. Men det fanns inga **moln**. Allt de kunde se var Östersjöns blå vatten, himlen och stranden. Det var vackert. Sedan kom Karl ihåg. De var på väg till strid mot svenskarna. De måste göra något för att stoppa striden!

Erik Kraken tittade ut mot havet. Han stod fortfarande vid rodret. Karl och Susanne tittade på Erik. Plötsligt hörde de Frans röst bakom sig. 'Hur ska ni göra det?'

'Göra vad?' svarade Karl.

'Stjäla klockan! Ni måste göra det innan striden börjar.'

'Vänta ett **ögonblick**,' sade Karl. 'Jag förstår inte det här alls! Varför vill Erik ha Susanne och mig ombord på skeppet? Vi vet inte hur man slåss!'

'Jag sade ju det till er. Han tror att ni kan **besegra** svenskarna på något sätt.'

Karl tittade upp på Erik. Erik såg ner på dem. Hans ögon visade ingenting. Han tittade bara på dem.

'Tja, han har fel,' sade Karl. 'Vi kan inte hjälpa till. Jag vet inte vad han tror att vi kan göra.'

'För att vara helt **ärlig**,' sade Frans, 'Jag vet inte heller hur Erik tänker.'

'Varför säger du det?' frågade Susanne.

'Titta på havet.'

Karl och Susanne tittade. De räknade till tio piratskepp.

'Ser ni? Vi har tio skepp,' sade Frans.

Susanne förstod inte vad Frans menade. 'Ja, vi har tio skepp. Och?'

Frans tittade bara på henne.

'Jaha, nu förstår jag,' sade hon. 'Vi har tio skepp men svenskarna har fler, eller hur?'

'Ja.'

'Hur många fler?'

'De har trettio.'

'Trettio?' ropade Karl. 'Och vi har tio? Ni är galna allihop!'

'Det är därför jag vill stoppa det här. Du måste stjäla klockan. Vi kan inte vinna den här striden. Men Kraken kommer inte att **ge upp**. Inte mot svenskarna. Eller någon annan.'

'OK. Vad kan vi göra då?' frågade Karl.

'Vi stjäl klockan,' avbröt Susanne. Hon tittade på Karl. 'Som jag sade, jag har en idé.'

Susanne förklarade sin plan.
'Du är urmakare, eller hur?'
'Ja,' svarade Karl.
'Tala om för Erik att du kan vinna striden. Men att du behöver hans klocka för att göra det.'
'Och hur gör jag det?'
'Säg till honom att du vet hur den fungerar. Säg att du kan stoppa de svenska skeppen med klockans krafter.'
'Och sen då?'
'Spring!'
'Det är en väldigt dålig plan,' sade Karl.
'Men det är den enda vi har,' svarade Susanne. Karl höll med.

Karl gick bort till Erik. Tiden var på väg att rinna ut. Kaptenen talade om för sina män vad de skulle göra.
Erik tittade på Karl. 'Vad vill du? Vet du nåt sätt att vinna?'
'Ja . . . Ja, det gör jag. Kom hit. Jag ska tala om det för dig.'
Den kraftige piraten och Karl gick bort från de andra. Frans och Susanne **låtsades** inte se någonting.
'Erik, som du vet är jag urmakare. Jag behöver titta på din klocka.'
Piratens ansiktsuttryck ändrade sig helt.
'Varför det?'
'Om du låter mig titta på klockan så tror jag att vi kan vinna striden.'

'Vad menar du?' frågade Erik. Han tittade misstänksamt på Karl.

Karl visste inte vad han skulle säga. Han funderade. Sedan fortsatte han, 'Jag tror jag vet hur den fungerar,' ljög han.

'Jaså?'

'Om du låter mig titta på den kan jag ändra den. Jag kan ändra klockan. Den kommer ta oss till en annan plats. En plats som är långt härifrån. På det viset behöver vi inte strida.'

Det var dags. De svenska skeppen hade kommit. De började **skjuta** med sina kanoner. Piratskeppen sköt tillbaka. Skeppen gungade när kanonkulorna flög omkring dem. Erik ropade åt sina pirater, 'Kom igen! Fortsätt skjuta! Vi kan inte förlora!'

Karl försökte tänka. Han behövde klockan. Så länge Erik hade klockan var han tvungen att strida. Han och Susanne kunde inte återvända utan klockan.

'Lyssna nu på mig!' skrek Karl. Erik **struntade** helt i honom. De svenska skeppens kanoner fortsatte att skjuta. 'Låt mig titta på den!' fortsatte Karl. 'Ge mig klockan!' skrek han. 'Vi kan vinna striden då! Vi kan besegra svenskarna!'

Erik tittade på honom. Men han höll hårt i klockan. Plötsligt sköts en kanonkula genom rodret. Erik **tappade** balansen. Han ramlade. Det här var Karls chans! Han **ryckte åt sig** klockan från Erik och sprang. Erik insåg vad som just hade hänt. 'Stanna! Stoppa honom!' skrek han.

Eriks män började jaga Karl. Karl kastade klockan till Susanne. Hon fångade den snabbt och sprang. Karl sprang mot henne. Då såg de Erik. Han var på väg mot dem.

De svenska kanonerna sköt igen. Erik försökte hålla fast Susanne. Plötsligt ställde sig Frans i vägen för att stoppa Erik. Han hjälpte Susanne!

Susanne hade klockan. Karl ryckte åt sig klockan. Sedan ryckte Erik åt sig den. Frans höll i Susanne för att hålla henne i säkerhet. I nästa ögonblick aktiverades klockan. Hela gruppen reste framåt i tiden. De var på väg till 2000-talet!

Plötsligt var de tillbaka på Gotland igen. Erik insåg först nu vad som hade hänt. Han tittade sig omkring efter klockan. Han kunde inte se den någonstans.

Sedan såg Erik den. Den låg under Frans fot. Han knuffade undan Frans. Han tog upp klockan. Den var sönder. 'Vad har du gjort, Frans? Vad har du gjort?' skrek Erik.

Frans ignorerade honom. Han tittade på stranden. Sedan tittade han på staden och dess invånare. Det var första gången han befann sig i framtiden. Allting var nytt och lite konstigt.

Erik blev **argare** och argare. Han sade till Frans, 'Vad gör vi nu? Vi kan inte resa tillbaka! Vad ska vi göra?'

Ingen sade någonting. Till slut talade Susanne. 'Kom till verkstaden, Erik. Karl kan försöka laga din klocka. Och om han lyckas laga den kan du resa hem. Men sedan måste du **förstöra** klockan. Den är farlig! Inget gott kommer från den.'

'Det ska jag göra,' svarade Erik.

Sedan tittade Susanne på Frans. 'Jag har ett **önskemål**. Du måste lova att du hjälper Erik. Han måste förstöra klockan. Se till att han inte behåller den. **Tvinga** honom om du måste. Om du inte förstör klockan kommer det att bli er **undergång**. Förstår du?'

'Ja, det gör jag,' sade Frans. 'När jag är hemma igen vill jag aldrig se klockan mer!'

Till slut tittade Susanne på Karl. 'Och du!' sade hon leende. 'Nästa gång du får en tokig idé – som att resa i tiden – ta inte med mig!'

Karl log och höll med.

Kapitel 3 Översikt

Sammanfattning

Alla går ombord på Eriks skepp för att strida mot svenskarna. Frans talar om för Karl att han måste stjäla Eriks klocka snart. Karl ber Erik att visa honom klockan. Erik nekar. Plötsligt anfaller svenskarna. Erik ramlar. Karl rycker åt sig klockan och springer. Karl, Susanne, Erik och Frans strider om klockan. Klockan aktiveras. De är plötsligt i Visby och det är 2000-tal. Klockan går sönder. Karl ska försöka att laga den. Erik lovar att förstöra klockan om han kommer hem.

Ordförråd

kanon canon

styrman helmsman, mate

segla to sail

roder helm, wheel

skönhet beauty

moln cloud

ögonblick moment

besegra to defeat

ärlig honest

ge upp to give up

låtsas to pretend

skjuta to shoot

strunta i to ignore

tappa to lose

rycka (åt sig) to snatch, to grab

arg angry

förstöra to destroy

önskemål a wish

tvinga to force

undergång destruction

Läsförståelsefrågor

Välj enbart ett svar för varje fråga.

11) Piraten Frans är ___.

a. Eriks kusin

b. Eriks son

c. Eriks styrman

d. en annan pirat

12) Frans ber Karl att stjäla klockan och ___.

a. strida mot Erik

b. resa tillbaka till 2000-talet

c. resa till 1600-talet

d. använda den för att strida mot svenskarna

13) När Karl pratar med Erik ___.

a. ger Erik honom klockan

b. ger inte Erik klockan till honom

c. stjäl Erik klockan

d. försöker Erik att gå därifrån

14) Vem kommer till sist tillbaka till Visby?

a. Karl och Susanne

b. Erik och Karl

c. Erik och Frans

d. Erik, Karl, Frans och Susanne

15) Karl kommer att laga Eriks klocka om Erik lovar att ___.
    a. återvända till sin egen tid
    b. förstöra klockan
    c. ge honom sitt piratskepp
    d. låta honom behålla klockan

Kistan

Kapitel 1 – I Göteborg

Det var en gång en gammal man som bodde i Borås. Han hette Valter.

Valter hade aldrig gift sig. Han hade ingen familj och inga barn. Han hade bott ensam i många år. Han var mycket vänlig och var alltid trevlig mot alla.

Valter hade aldrig rest långt hemifrån. Han hade bara rest runt omkring Borås. Men nu var det dags. Han hade nämligen ett **uppdrag**.

Valter hade inte så mycket pengar men han var inte **fattig**. Han hade sparat lite pengar när han var yngre. Han tänkte använda pengarna för sitt uppdrag. Han behövde resa till tre olika platser. Han behövde pengar till resan och till mat och hotell. Han var **fast besluten** att **utföra** sitt uppdrag.

Först reste Valter till Göteborg. Många människor tittade på honom när han gick förbi. Han hade inte **klippt sig** på mycket länge. Han hade långt **skägg**. Kläderna var också väldigt speciella. Han såg **annorlunda** ut än de flesta andra människor på Göteborgs gator.

Valter gick till Slottsskogen. Det är en stor park i Göteborg. Det var mycket folk där. Valter gick fram till en ung man i 25-årsåldern. Mannen satt och läste en tidning med ryggen mot ett träd. Han såg lugn ut.

Valter satte sig ner bredvid honom. 'Goddag,' sade Valter.

'Hej . . . ,' svarade mannen. Han tittade frågande på Valter. Sedan fortsatte han att läsa.

'Hur mår du, David?' frågade Valter.

Mannen tittade upp. Han blev mycket förvånad. Hur kunde den här okände mannen veta vad han hette? Han tittade noga på honom. 'Sade du David?' frågade han.

'Ja, det gjorde jag.'

'Hur vet du vad jag heter?'

'Det kan jag inte tala om för dig.'

David slutade läsa tidningen. Han tittade på Valter igen. Den här gången ännu noggrannare. Han försökte föreställa sig honom utan skägg. Men han hade ingen aning om vem han var.

'Vad vill du?' frågade David. Vid det här laget var han misstänksam.

'Var inte orolig,' sade Valter. 'Jag är inte här för att **skada** dig. Jag är här för att säga dig något.'

'Jaha.'

Valter tog fram ett foto ur **fickan**. På fotot fanns det en kista. Den såg väldigt gammal ut. Det såg också ut som om det skulle kunna finnas någonting **värdefullt** i den.

'Vad är det här?' frågade David.

'Ser du inte vad det är?'

'Det ser ut som en kista. Jag har aldrig sett den i hela mitt liv.'

Valter tittade på David. Sedan pekade han på bilden. 'Titta på det här.'

David tittade. Kistan hade ett **lås**. Låskoden hade tre **nollor**. 'Det är ett lås.'

'Ja, och . . . ?' fortsatte Valter.

'Fattas det **siffror** i koden?' frågade David.

'Just det!' sade Valter. 'Alla tre siffrorna fattas!' Sedan tittade han på David och log. 'Jag behöver de tre siffrorna för att klara av att utföra mitt uppdrag.'

'Uppdrag? Vad då för uppdrag?'

'Det kan jag inte tala om för dig än,' svarade Valter lugnt.

David förstod ingenting. Han visste inte vad mannen ville ha. Hur kunde han ge honom siffror som han inte visste något om? Till slut sade Valter, 'Jag är säker på att du har en av siffrorna.'

'Jag förstår inte alls vad du pratar om.'

'Tänk efter, David. Du måste ha ett gammalt **föremål** någonstans. Kanske ett föremål med en siffra på?'

David tänkte efter. Han hade inget sådant föremål. Han tänkte efter en stund till. Sedan kom han på något. Han hade faktiskt något med en siffra. Kanske det var rätt sak?

'Nu när du säger det,' sade han **ivrigt**, 'har jag kanske något. Vänta här. Jag ska åka och hämta det!'

'Vart ska du någonstans?' frågade Valter.

'Jag ska åka hem. Jag måste hämta något.'

'Vänta! Jag följer med dig.'

David tittade förvånat på den gamle mannen igen. Han verkade trevlig. David trodde inte att det skulle bli några problem. 'OK,' sade han. 'Följ med mig!'

David och Valter lämnade parken. De gick till en busshållplats och tog en buss till Davids hus. Det låg i en annan del av Göteborg.

Medan de satt i bussen frågade David, 'Vad heter du?'

'Jag heter Valter. Valter Davidsson.'

'Och hur länge har du varit i Göteborg?'

'Jag har varit här i två timmar.'

'Jaså? Det är inte länge.'

'Nej, men jag gillar Göteborg! Det verkar finnas många trevliga människor och platser här.'

'Ja, det är sant.'

Valter och David fortsatte att prata. Snart kom de till Davids hus. Huset var litet och **prydligt**. David tog Valter till garaget. David hade många föremål där från när han var pojke. Han hade många gamla foton och till och med några gamla skol**teckningar**.

'Vad är det vi letar efter?' frågade Valter.

'Jag kom ihåg något som jag har. Det verkar vara likt föremålet du letar efter.'

'Ett gammalt föremål? Med en siffra på?'

'Ja, ett föremål med en siffra på. Var snäll och vänta en minut. Jag ska titta efter.'

David letade först en halvtimme. Valter försökte hjälpa till. David bad honom att sätta sig. Han ville hitta föremålet på egen hand. Efter en timme hittade

David det till sist. 'Titta,' sade han ivrigt, 'jag har hittat det!'

'Vad har du hittat?' frågade Valter. Han reste sig och gick fram till David. 'Hur vet du att det där är det jag behöver?'

'Jag vet inte men jag har haft det väldigt länge. Det finns en siffra på det.'

David **vecklade upp** ett gammalt **tyg**. Inuti låg ett tunt **guldhalsband**. På halsbandet hängde en liten **berlock**. I berlocken stod en siffra. 'När du sade att du behövde en gammal sak med en siffra,' började David, 'kom jag ihåg det här.'

'Kommer du ihåg vem som gav dig halsbandet?'

'Jag vet inte riktigt. Jag har haft det sedan jag var en bebis.'

Valter log. Han öppnade garagedörren. 'Vart är du på väg?' frågade David.

'Jag är klar här,' svarade Valter. 'Kom ihåg siffran. Och läs det här.' Han gav ett brev till David. Sedan gick han iväg.

'Vänta! Kom tillbaka! Vill du inte ha halsbandet?' ropade David. Men Valter var borta. Han hade **försvunnit** ut genom dörren.

Valter tog bussen tillbaka till centrala Göteborg. Därifrån tog han en annan buss till flygplatsen. Sedan flög han till Stockholm.

Kapitel 1 Översikt

Sammanfattning

Valter är en gammal man från Borås. Han har ett uppdrag. Han har ett fotografi på en gammal kista med ett lås. Det fattas tre siffror i låskoden. Valter reser till Göteborg. Där pratar han med en ung man som heter David. David har ett gammalt guldhalsband med en berlock. Där finns just den siffra som Valter behöver. Valter ger David ett brev. Sedan reser han vidare till Stockholm.

Ordförråd

kista chest

uppdrag assignment, mission

fattig poor

fast besluten firmly resolved

utföra to carry out

klippa sig to have a haircut

skägg beard

annorlunda different

skada to hurt, to damage

ficka pocket

värdefull valuable

lås lock

nolla zero

siffra number, digit

föremål object

ivrigt eagerly

prydlig tidy

teckning drawing

veckla upp to unfold

tyg cloth, fabric

guldhalsband gold necklace

berlock charm

försvinna to disappear

Läsförståelsefrågor

Välj endast ett svar för varje fråga.

1) Valter är___.

   a. en ung man

   b. en man i 40-årsåldern

   c. en gammal man

   d. en ung pojke

2) Valter pratar med David för första gången ___.

   a. i Stockholm

   b. i en park

   c. på en flygplats

   d. i ett garage

3) Valter visar David ett foto av ___.

   a. en kista

   b. ett garage

   c. ett halsband

   d. en stad

4) Valter följer med David till___.

   a. flygplatsen

   b. en taxi

   c. Stockholm

   d. ett garage

5) Valter lämnar David och reser till ___.
   a. Borås
   b. Malmö
   c. Stockholm
   d. en park

Kapitel 2 – I Stockholm

Resan gick utan problem och några timmar senare var Valter framme i Stockholm. Det var mycket folk överallt och det fanns många spännande saker att göra och titta på. Men Valter hade sitt uppdrag att tänka på. Han visste precis vart han skulle åka.

Valter tog en taxi. Han gav adressen till chauffören. De **kom överens** om ett pris. Huset låg i **utkanten** av Stockholm. Efter 45 minuter kom taxin fram till huset.

Huset såg mycket **dyrt** ut. Ägaren tog säkert väl hand om det. **Förmodligen** var ägaren rik. Runt huset fanns en stor trädgård. Några hundar lekte på **gräsmattan**. Huset hade till och med en tennisbana.

Valter stod utanför dörren en stund och tittade på huset och trädgården. Sedan **knackade** han **på**. Han knackade igen och väntade på att någon skulle svara. 'Hallå?' ropade han. Ingen kom. Det verkade som om ingen var hemma. Valter bestämde sig för att vänta.

Valter tog fram fotot på kistan. Han tittade noga på det och log. Sedan lade han tillbaka kortet i fickan och väntade lite till.

Efter en stund hörde Valter en bil närma sig. Som väntat var det en stor och dyr bil. Det var en kvinna som körde. Hon hade stora **solglasögon** på sig. Hon såg inte Valter.

Kvinnan tryckte på en **knapp** på en **fjärrkontroll**.
Garagedörren öppnades. Hon körde långsamt in. Hon
såg fortfarande inte Valter.

Kvinnan tänkte trycka på knappen igen för att
stänga garagedörren. 'Ursäkta mig? Vänta!' ropade
Valter.
Äntligen såg kvinnan Valter. Hon stannade genast.
Garagedörren var fortfarande öppen.
'Ja? Vem är du?' frågade hon.
'Kan jag få tala med dig ett **ögonblick**?' frågade
Valter.
Kvinnan tittade misstänksamt på honom. Hon gick
ut ur garaget. En **betjänt** i mörkblå uniform kom ut
ur huset. Han tittade på kvinnan och sade, 'Ska jag **ta
hand om** bilen, fru Magnusson?'
'Ja, Christian. Tack så mycket.'
'Lisa Magnusson, stämmer det?' frågade Valter.
'Ja, det är jag.' Lisa tittade noga på Valter.
'Jag har kommit hit för att tala med dig. Det är
viktigt.'
'Viktigt? Om det är affärer kan jag hänvisa dig till
mitt **kontor** . . . .'
'Nej. Det är inte affärer,' svarade Valter.
'Vad kan det vara då?' frågade Lisa. Valter log bara.
'OK, kom med mig in då så får jag se vad det **gäller**,'
sade Lisa.

Valter följde med Lisa in. Huset var mycket stort.
Det var också mycket vackert **inrett**. 'Är allt det här
ditt?' frågade Valter.

'Ja,' svarade hon. 'Jag är professionell designer. Jag startade mitt företag när jag var 19.' Hon gjorde en paus och såg sig omkring. 'Ja, vad kan jag säga? Det har gått riktigt bra för mig.'

'Jag kan se det. Oj! Du måste ha arbetat väldigt mycket.'

'Ja. Jag har arbetat hårt.' Hon pekade på en **trappa**. 'Kom den här vägen är du snäll.'

Valter och Lisa gick uppför trappan. De kom fram till en stor dörr. Det var en mycket vacker trädörr i gammal stil.

'Är huset gammalt?' frågade Valter.

Lisa log. 'Nej, det är det inte. Men det är byggt i gammal stil. Jag har traditionell **smak** när det gäller arkitektur och inredning.'

Lisa öppnade dörren. Valter såg sig förvånat omkring. Rummet var stort och fullt med vackra dyra **möbler**.

Betjänten Christian kom in i rummet. Han tänkte servera **eftermiddagskaffe**.

'Herr . . . ,' sade Christian.

'Jag heter Valter.'

'Vill du ha en kopp kaffe, Valter?'

'Ja, mycket gärna. Tack så mycket.'

Lisa tog av sig kappan. Christian talade med Valter igen. 'Låt mig ta din jacka, Valter.' Valter tog av sig jackan. Han gav den till Christian som lämnade rummet men han kom fort tillbaka och serverade Lisa och Valter kaffe och kakor. Sedan lämnade han dem ensamma.

Lisa och Valter satt och tittade på varandra.
'Välkommen till mitt hem, Valter. Får jag fråga varför
du är här?'

Valter drack lite kaffe. Sedan ställde han koppen på
bordet. 'Jag behöver en siffra,' sade han lugnt.

Precis som David blev Lisa förvånad. 'En siffra?'
frågade hon.

'Ja, en siffra.'

'En speciell siffra?' frågade Lisa.

'Ja. Den finns på ett föremål som du har. Ett gammalt
föremål. Försök att komma ihåg, är du snäll.'

Lisa funderade en stund. Hon försökte förstå vad
Valter menade. Men till skillnad mot David kom hon
inte på någonting.

'Jag vet inte vad du menar. Kan du vara snäll och
förklara . . . .'

Valter tittade sig omkring. 'Den andra siffran måste
finnas här någonstans,' tänkte han. Självklart, fotot!
Han måste visa henne fotot!

'Christian, kan du hämta min jacka, tack?' frågade
Valter.

'Javisst,' svarade Christian.

Christian gick ut ur rummet. Några sekunder senare
kom han tillbaka med Valters jacka. Valter letade i alla
fickor. Det var svårt att hitta fotot. Det tog tid. Lisa
började bli **otålig**.

Till slut hittade han fotot. 'Här är det!' Valter
skrattade. 'Vi behöver en siffra till det här låset.'

Han lade fotot på kistan på bordet. Lisa tittade noga
på fotot. Plötsligt kom hon ihåg något.

'Jag vet inte varför . . . Men jag tror att jag kommer ihåg något,' sade hon.

'Tänk efter, Lisa, tänk efter,' sade Valter.

Lisa reste sig. 'Följ med mig, Valter,' sade hon. 'Jag vet inte vem du är eller exakt vad du vill. Men du har fått mig att tänka på en sak.'

Valter log. Han och Lisa gick ut ur huset. De gick in i en mindre **byggnad**. Insidan av byggnaden var som ett litet privat museum med många teckningar, målningar och andra saker.

Bredvid en vacker teckning låg en liten ask. Lisa öppnade den. Det låg ett halsband i asken. Halsbandet såg exakt ut som Davids. Det var mycket gammalt men Lisa lyckades öppna berlocken. Hon kunde fortfarande komma ihåg siffran inuti.

Lisa gav halsbandet till Valter. Han tittade noga på det. 'OK. Det är allt jag behöver,' sade han lugnt och gav tillbaka halsbandet till Lisa.

'Jag förstår fortfarande inte, Valter. Vad är det du vill ha? Kistan påminde mig om halsbandet. Men jag vet inte varför. Gör du det? Är det viktigt?'

Valter gjorde en paus. 'Jag måste gå nu, Lisa. Var snäll och fråga mig inget mer.' Han gav henne ett brev. Sedan gjorde han en liten paus och sade, 'Kom ihåg siffran. Och läs det här brevet. Det kommer vara till hjälp.'

Valter vände sig om och lämnade Lisas hus. Innan han försvann ropade han, 'Jag ska vidare till Malmö! Vi ses snart, Lisa!'

Lisa sade inte adjö. Hon kunde inte. Hon förstod fortfarande inte varför Valter hade kommit. Hon tittade på brevet. Allting verkade mycket konstigt men ändå viktigt. Först tänkte hon att det var bäst att glömma alltihop, men så öppnade hon långsamt brevet.

Kapitel 2 Översikt

Sammanfattning

Valter reser till Stockholm. Han besöker en kvinna som heter Lisa. Hon bor i ett stort hus. Valter berättar för Lisa om kistan. Han ber henne komma ihåg en siffra. Till slut kommer hon ihåg något. Hon visar ett gammalt halsband för Valter. Det finns en siffra i en berlock. Lisa har många frågor. Valter svarar inte på dem. Han ger Lisa ett brev och lämnar huset. Lisa börjar läsa brevet.

Ordförråd

komma överens to agree

utkant outskirts (of a town or city)

dyr expensive

förmodligen probably

gräsmatta lawn

knacka på to knock

solglasögon sunglasses

knapp button

fjärrkontroll remote control

ögonblick moment

betjänt valet, butler

ta hand om to take care of

kontor office

gälla to be about, to concern

inreda to decorate

trappa flight of stairs, staircase

smak taste

möbler furniture

eftermiddagskaffe afternoon coffee

otålig impatient

byggnad building

Läsförståelsefrågor

Välj enbart ett svar för varje fråga.

6) Lisas hus är ___.
   a. stort och vackert
   b. litet men vackert
   c. medelstort
   d. stort men inte särskilt vackert

7) Betjänten heter ___.
   a. David
   b. Christian
   c. Valter
   d. Lisa

8) Lisa kommer ihåg en siffra när Valter ___.
   a. pratar om siffran
   b. visar henne ett foto av kistan
   c. pratar om kistan
   d. pratar om ett halsband

9) Lisa ___.
   a. förstår inte vad som händer
   b. vet vad Valter gör
   c. tycker inte om Valter
   d. kan inte hjälpa Valter

10) Valter lämnar Lisa och reser till ___.
    a. Stockholm
    b. Göteborg
    c. Borås
    d. Malmö

Kapitel 3 – Två brev

På Arlanda flygplats köpte Valter lite mat att äta på planet. Han behövde egentligen **vila**. Han började bli trött. Men han visste att det fanns en person kvar att träffa. Sedan var hans uppdrag slutfört.

Valter steg ombord på planet. Lite mer än en timme senare landade han på flygplatsen. Som vanligt tog han en taxi in till centrum. På vägen dit körde de förbi Malmö Konsthall. Utanför konsthallen stod ett modernt **konstverk**. Valter frågade chauffören, 'Har du varit på Konsthallen någon gång?'

'Ja. Det är trevligt där, men konsten är ibland ganska speciell. Man visar mest modern konst. För många konstiga mönster och färger, tycker jag. Jag föredrar traditionell konst.'

'Det gör jag också,' sade Valter. 'Jag har alltid föredragit traditionella saker.' Han tittade ut genom fönstret medan taxin körde vidare förbi Operan.

Chauffören stannade nära Centralstationen. Valter betalade och steg ur bilen. Sedan såg han sig omkring. Så mycket att titta på! Men han måste fokusera. Hans uppdrag var nästan slut.

Valter visste inte exakt var den tredje personen bodde. Han pratade med en man på gatan och visade honom adressen. 'Ursäkta mig. Hur kommer jag till den här adressen?' frågade han.

'Åh, det kan jag tala om,' svarade mannen. 'Den gatan ligger alldeles nära Drottningtorget.' Han visade Valter hur han skulle gå.

'Tack så mycket!' sade Valter.

Valter bestämde sig för att promenera från stationen. Det var en kort väg. Det gav honom tid att fundera på saker och ting. Stora **händelser** var ju på gång.

Snart kom Valter fram till Drottningtorget. Alldeles intill fanns rätt adress. Det var ett hus med flera **lägenheter**. 'Jag hoppas att någon är hemma den här gången!' tänkte han. Han kom ihåg Lisa i Stockholm. Han gillade inte att vänta. Han var också otålig.

Valter knackade på dörren. En ung man i trettioårsåldern öppnade. Han liknade Valter men hade inget skägg. 'Hej!' sade mannen. 'Kan jag hjälpa dig med något?'

'Hej!' svarade Valter. 'Jag heter Valter Davidsson,' fortsatte han. 'Jag skulle vilja tala med dig om en viktig sak.'

'Javisst, varsågod och kom in. Välkommen.'

Valter såg sig omkring. Lägenheten var enkelt möblerad och kändes mycket **hemtrevlig**. Alexander verkade också vara en enkel och trevlig person. Han hade jeans och en svart t-shirt och verkade ha traditionell smak.

'Jaha,' sade Alexander. 'Vad vill du prata med mig om?' Valter började prata. Men sedan märkte han något. Alexander hade en guldring på ena handen.

Man kunde se att det fanns en siffra på ringen. Valter började skratta.

'Vad är det?' frågade Alexander förvånat.

'Jag trodde jag skulle få fler **svårigheter**!'

'Ursäkta?' sade Alexander.

'Den där ringen du har . . . Vem gav den till dig?'

'Det var en present för många år sedan när jag var en liten pojke. Jag kommer inte ihåg vem som gav den till mig. Jag tror det var ett halsband från början.'

Valter tittade på siffran. Nu hade han hittat alla tre siffrorna. Hans uppdrag var utfört . . . nästan. Det fanns några saker till att göra.

'Alexander,' började Valter, 'titta på det här.' Han visade Alexander fotot på kistan. 'Den här kistan har ett lås med en kod. Man behöver tre siffror för att öppna låset. Tre personer har de tre sifforna. Och du är en av de personerna.'

Alexander tittade på Valter. Sedan frågade han, 'Och vad finns i kistan?'

'Det kan jag inte tala om just nu.'

'Men varför har jag en av siffrorna?'

'Jag kan inte berätta det heller,' svarade Valter. Han ville inte säga något mer. Inte än.

Valter gav Alexander ett brev och fortsatte, 'Var snäll och läs det här brevet. De två andra personerna har precis samma brev. Brevet berättar vad ni ska göra. Jag måste gå nu. Vi ses snart igen, lita på mig.' Valter vände sig om och gick därifrån.

Alexander blev så förvånad att han inte visste vad han skulle göra. Han öppnade brevet. Där kunde han läsa:

Kära David, Lisa and Alexander,

*Tack för att ni läser mitt brev. Som ni vet har jag hjälpt er att hitta var sin siffra. Ni är alltså tre personer med var sin siffra. De enskilda siffrorna betyder ingenting. Men tillsammans öppnar de en kista i Borås. Kistan finns hemma hos mig. Jag skulle vilja **bjuda hem** er dit. Kom hem till mig om tre dagar.*

Det är allt. Svara inte på brevet. Kontakta mig inte. Snart får ni veta vem jag är. Men inte idag. Ha en trevlig resa!

Hälsningar,
Valter

Tre dagar senare kom David, Lisa och Alexander till Borås. De åkte direkt till adressen som de hade fått i brevet från Valter. Huset låg nära en park.

Lisa och Alexander kom först. Sedan kom David.
'Hej,' sade David.
'Hallå,' sade Lisa and Alexander.

Alla tre gjorde en paus i några sekunder. Sedan frågade David, 'Vad gör vi här alla tre?'
'Har ni läst brevet?' frågade Lisa ivrigt.
'Ja,' svarade David och Alexander.
'Men jag har ingen aning vad det handlar om,' tillade David.

'Tja, vi går väl in och **tar reda på** det,' sade Lisa. Hon knackade på dörren.

Valter öppnade. Han var välklädd. Det här var trots allt ett speciellt **tillfälle**. 'Hejsan,' sade han lugnt. Sedan bjöd han in dem och sade, 'Tack för att ni kom.'

Valters hem var trevligt och han hade många vackra gamla möbler. Han bjöd först på kaffe men alla tackade nej. De var alldeles för ivriga. Då log Valter och sade, 'Följ med mig.'

Valter tog med sig gästerna till ett litet rum. I mitten stod kistan. De sprang fram till den. De hade alla sin speciella siffra. De var klara att öppna låset.

David började. Sedan slog Lisa in sin siffra. Till slut var det Alexanders tur. När han hade slagit in sin siffra kom ett ljud från låset och Alexander kunde öppna kistan. Den var alldeles full med saker. Överst låg ett nytt brev.

Alexander skrattade. 'Oj! Ett brev till? Jag kan inte tro det är sant!'

'Vill någon läsa det?' frågade Lisa.

'Jag kan läsa det,' sade David.

David tog brevet från kistan och läste högt för de andra:

*Hej David, Lisa and Alexander. Tack så mycket för att ni kom. Jag har samlat er här i ett särskilt **syfte**. Ni vet allihop att ni är adopterade. Jag har talat med adoptions**byrån**.*

Davids händer skakade. 'Är ni också adopterade?'

'Ja,' sade Alexander.

'Jag också. Fortsätt läsa är du snäll,' sade Lisa.

Alla ni tre . . . Ni är **syskon**. *Jag är er* **morbror**. *Er mamma var min syster. Sakerna i kistan är era föräldrars. De lade sina viktiga saker i kistan. De låste kistan med kodlåset. Sedan köpte de tre guldhalsband. Varje halsband hade en siffra. Ni fick var sitt halsband. Men sedan* **omkom** *era föräldrar i en* **bilolycka**.

När era föräldrar var borta var jag den ende som var kvar av er familj. Jag ville ta hand om er. Men jag kunde inte ta hand om tre små barn på egen hand. Jag var tvungen att adoptera bort er. Men jag ville försäkra mig om att ni fick nya föräldrar som älskade er. Jag ville att ni skulle ha så bra liv som möjligt. Därför bad jag en adoptionsbyrå om hjälp. Ni kom till tre olika familjer i tre olika städer.

Nu när ni är **vuxna** *är det dags att ni får veta allt. Ni hade en mamma och en pappa som älskade er när ni var små. Nu när ni är vuxna kan ni få en morbror.*

Ni har alltså fler **släktingar** *än de ni redan känner och älskar. Lisa, här är dina bröder! David och Alexander, här är er syster! Och jag är er morbror!*

Vänliga hälsningar,
Valter

David, Lisa och Alexander tittade på varandra. Sedan tittade de på Valter – deras morbror. Han såg på dem och log. 'Jag har så mycket att berätta för er!' sade han lugnt.

Kapitel 3 Översikt

Sammanfattning

Valter reser till Malmö. Han går till Alexanders lägenhet. Alexander har den tredje siffran. Valter bjuder in David, Lisa och Alexander till sitt hem i Borås. Där ska de öppna kistan tillsammans. De slår in sina siffror. Kistan innehåller många saker. Där ligger också ett brev. Brevet förklarar att de är syskon och att Valter är deras morbror.

Ordförråd

vila to relax

konstverk work of art

händelse event

lägenhet flat, (*Am. Eng.*) apartment

hemtrevlig cosy

svårighet difficulty

bjuda hem to invite to one's home

ta reda på to find out

tillfälle occasion

syfte purpose

byrå agency

syskon sibling

morbror uncle

omkomma to be killed (in an accident)

bilolycka car accident

vuxen adult

släktingar relatives

Läsförståelsefrågor

Välj enbart ett svar för varje fråga.

11) Valter reser till ___.
   a. Göteborg och Stockholm
   b. tillbaka till Göteborg
   c. Malmö och Borås
   d. Malmö

12) Valter pratar med taxichauffören om ___.
   a. taxichaufförens familj
   b. Valters familj
   c. en konsthall
   d. resan till Malmö

13) Alexander bor ___.
   a. nära en park
   b. på en båt
   c. i en liten by
   d. nära ett torg

14) Det visar sig att kistan innehåller ___.
   a. enbart ett brev
   b. ett brev och många saker
   c. ett brev från personernas föräldrar
   d. pengar

15) David, Lisa och Alexander är ___.
   a. syskon
   b. kusiner
   c. vänner
   d. barn

Okänt land

Kapitel 1 – Hemma i byn

För mer än tusen år sedan bodde det vikingar i Skandinavien. Därför kallas den tidsperioden för vikingatiden. Det var en ganska kall period. Vikingarna måste arbeta hårt för att kunna skaffa tillräckligt med mat. Det kan vara en av anledningarna till att de ofta letade efter nya landområden.

Under vikingatiden fanns det en by som hette Askenäs. Det var en ganska stor by. En av dem som bodde där var en ung man som hette Toralf. Han var lite över 20 år gammal.

Toralf var lång och stark och såg bra ut. Han hade långt brunt hår, stor näsa och kraftiga armar och ben. Han var en mycket **duktig jägare**.

En eftermiddag kom Toralf tillbaka från **jakten**. Solen sken men det var lite kallt. På vägen mötte Toralf en man som hette Nils. Han var välkänd i byn. Nils reste ofta till **främmande** platser långt bort. Han letade efter nya och bättre platser där man lättare kunde skaffa bra mat. Han var ofta borta mycket länge.

Toralf vinkade till Nils. 'Hallå!' ropade han.

'Toralf!' svarade Nils.

'Nils! Är du fortfarande hemma?'

'Ja. Jag är kvar ett tag till.'

'Och vart ska du åka sedan?'

'Jag vet inte precis. Vår **hövding** Egil säger att jag ska snart resa väldigt långt bort.'

Toralf hade mycket respekt för Askenäs hövding Egil. Hövdingen var en stor och stark man. Han hade det längsta hår Toralf någonsin sett. Han talade alltid med stort **allvar**. Han var en mycket **sträng** man som hade bestämt många **lagar**. Ibland var han också **elak**, men de flesta ansåg att Egil var en bra ledare.

'Har hövdingen nya planer?' frågade Toralf intresserat.

'Ja, men han har inte berättat för oss om dem. Han har bara sagt att vi ska åka långt bort.'

Askenäs låg vid en sjö nära några **berg**. En **flod** ledde från sjön ner till havet. På sommaren fanns det tillräckligt med mat i byn, men på vintern var det svårt. Det fanns inte tillräckligt att äta. Förra vintern hade många människor dött. Hövdingen visste att han måste hitta nya landområden snart, där man skulle kunna odla mer. Han skickade ofta ut expeditioner. De **utforskade** områden långt bort från Askenäs.

'Goda nyheter!' sade Toralf. 'Jag vill inte gå hungrig i vinter!'

'Inte jag heller. Min familj måste äta bättre. Vi vill inte bara äta saltad fisk hela vintern.'

Toralf visste att Nils pappa var död och att Nils mamma och hans syskon fick arbeta hårt för att **överleva**. Nils pappa hade tidigare ofta gjort långa resor till främmande länder.

'Jag måste gå nu, Nils,' sade Toralf till slut. 'Jag måste göra iordning djuren som jag har dödat idag. Min familj ska sälja köttet.'

'Det låter bra. Gör det.'

Toralf gick tillbaka hem. Han pratade med sina föräldrar och syskon. Hans pappa var bonde. Familjen hade en egen liten bit jord. De odlade en del **grönsaker**. De hade också **grisar** och **getter**. De sålde en del av djuren. De sålde också köttet från Toralfs jakt. De tjänade pengar men det var aldrig tillräckligt.

Toralf kunde inte sova den natten. Det fanns för mycket att tänka på. Vart skulle männen resa? Vad var målet för den här nya expeditionen?

Två dagar senare gick Toralf ut och jagade igen. Det var ont om djur. Vintern var på väg. Det blev allt svårare att hitta något **byte**.

När Toralf kom tillbaka träffade han Nils igen. Nils gick fort. 'Toralf! Skynda dig!' ropade han.

'Vad är det?'

'Egil har kallat till möte i Stora hallen. Hela byn måste komma dit.'

'Kommer han att tala om sina planer för oss?'

'Ja, det är mycket troligt! Jag måste gå. Bär hem det där köttet och skynda dig dit!'

Toralf bar hem köttet och gick sedan till Stora hallen. Det var en mycket stor träbyggnad. Väggarna var täckta med bilder av vikingarnas **gudar**.

Stora hallen var hövdingens hus. Där bodde han med sin **hustru** och fyra barn och alla sina **tjänare**. Möten och diskussioner hölls ofta i Stora hallen. Egil brukade kalla in alla när han ville ge dem viktiga nyheter. Hela byn brukade komma. Den här gången fick de extra viktig information.

Kapitel 1 Översikt

Sammanfattning

Toralf är jägare under vikingatiden. Han bor i en by som heter Askenäs. Byns hövding heter Egil. Nils är en man från byn som reser mycket för att hitta nya landområden. Han berättar för Toralf att Egil har nya planer. Han vill leta efter nytt land långt bort. Hövdingen kallar till möte. Hela byn kommer för att höra de viktiga nyheterna.

Ordförråd

okänt unknown

duktig efficient

jägare hunter

jakt hunt

främmande unfamiliar, strange

hövding chief

allvar sternness

sträng severe

lag law

elak mean, nasty

berg mountain

flod river

utforska to explore

överleva to survive

grönsaker vegetables

gris pig

get goat

byte prey

gud god

hustru wife

tjänare servant

Läsförståelsefrågor

Välj enbart ett svar för varje fråga.

1) Toralf är ___.
   a. en man som reser till nya platser
   b. jägare
   c. byns hövding
   d. bonde

2) Nils är ___.
   a. en man som reser till nya platser
   b. jägare
   c. byns hövding
   d. bonde

3) Egil är ___.
   a. en man som reser till nya platser
   b. präst
   c. bonde
   d. byns hövding

4) Byn Askenäs ___.
   a. har tillräckligt med mat året om
   b. behöver mer mat på sommaren
   c. behöver mer mat på vintern
   d. behöver fler jägare

5) Nils tror att mötet förmodligen handlar om ___.
   a. att folket i byn behöver mer mat
   b. att Nils vill resa iväg
   c. Toralfs planer på bättre jakt
   d. hövdingens planer på en lång resa

Kapitel 2 – Resan västerut

Mötet gick som Toralf hade hoppats. Det handlade om hövdingens planer för nästa expedition. Egil ville resa mycket längre bort än förra gången och han ville själv följa med.

Egil berättade hur han hade tänkt. Han ville resa längs floden ner till havet. Sedan ville han segla över havet för att hitta nytt land. Där skulle man kunna odla mer mat. Han ville resa så långt västerut som möjligt.

Alla i byn var förvånade, även Toralf och Nils, men alla **var överens** om expeditionen. Man började reparera skeppen och planera resan. Det var mycket arbete som måste göras. Alla i byn hjälpte till.

Det gick en månad. Det var sent på sommaren och de ville kunna ge sig iväg innan höststormarna kom.

Nils ledde arbetet med att reparera skeppen. Man använde **virke** från träd i närheten. Hövdingen kom ofta och tittade. Han ville se hur fort det gick. 'Säg mig, Nils,' sade Egil, 'När kan vi ge oss iväg? Jag ser att skeppen börjar bli färdiga.' Sedan blev han allvarlig. 'Vi måste segla snart.'

'Jag är inte säker, Egil. Kanske om en vecka. Kanske tidigare.'

'En vecka? Bra!'

'Ja, virket är perfekt och våra män är väldigt duktiga,' sade Nils.

Hövdingen höll ett nytt tal i Stora Hallen den kvällen. Det var dags att **bestämma** vem som skulle följa med på resan. Det fanns plats för 75 män. En efter en **räckte** männen **upp** händerna för att visa att de ville följa med. De flesta var vältränade krigare. Deras **skicklighet** var nödvändig för expeditionen.

Toralf ville också följa med. Även om han inte var skicklig i strid så var han en bra jägare. Maten var alltid viktig på en expedition. I ett nytt land skulle det behövas duktiga jägare. Toralf räckte upp handen. 'Du vet inte vilken sorts djur det finns,' sade Toralf till hövdingen. 'Du behöver jägare. Jag kan jaga överallt och vad som helst,' sade han.

Egil tittade på honom och sade, 'Nåväl, Toralf. Följ med oss.'

Från den stunden **längtade** Toralf **efter** den dag då expeditionen skulle börja. När dagen äntligen kom förberedde sig Egil, Nils, Toralf och de andra vikingarna noga inför resan. Först bad de gudarna om hjälp. Deras hustrur och familjer tog farväl. Egil **överlät** makten över sitt hus och sina tjänare till sin hustru medan han var borta. Hon **uppmuntrade** dem inför den långa resan. Till slut gick männen ombord. Den långa resan hade börjat.

De tre skeppen rodde längs floden. När de kom till havet kunde de segla och behövde inte ro så ofta.

De seglade västerut. Oftast var vinden god. Skeppen var i utmärkt **skick**. Männen var glada. Vädret var perfekt. De första veckorna gick utan några problem.

Flera veckor senare seglade skeppen fortfarande västerut. Männen ombord såg inget land ännu, bara vatten. De såg inte ens fåglar. Fåglar betydde att det fanns land i närheten.

Några av männen började ifrågasätta Egils **beslut**. 'Egil, är du säker på att det finns land västerut?' frågade en man.

'Jag är bergsäker.'

'Tänk om vi inte kan hitta det?'

Hövdingen blev **rasande**. 'Vi kommer inte att **misslyckas**!' skrek han. 'Det finns land västerut. Någon har berättat för mig att det finns land där. Någon som såg det landet med sina egna ögon. Förstår du? Försvinn!' Diskussionen var slut.

Egil var stark och bestämd. Han gillade inte att man diskuterade hans beslut. Men han visste att männen inte hade hans starka **övertygelse**. För dem var allting mer oklart. Han bestämde sig för att tala till de övriga på sitt skepp. 'Det finns land västerut!' ropade han. 'Jag kan bevisa det! Förstår ni mig? Jag har bevis!' Han höll upp en liten bit tyg. På tyget fanns det fantastiska bilder och **tecken**. 'Någon i landet västerut har tillverkat den här tygbiten. Jag har fått den av en man som ni alla kände. Ni måste tro mig! Jag vet att landet finns!'

Vikingarna var tysta och seglade vidare. Men de hade alla bara en tanke i huvudet, 'Vem hade talat om för hövdingen att det fanns land i väster?'

Senare började det regna. Vinden blev starkare. Det började bli **grov sjö**. Snart var stormen över dem. Det var en storm som de aldrig hade varit med om förut. Stormen slet i skeppen så hårt att de trodde att de skulle sjunka. Vikingarna kämpade för att hålla ihop de tre skeppen.

Till slut avtog vinden. Männen kunde se himlen igen. Egil försökte se var skeppen **befann sig**. Sedan blev han både arg och **bekymrad**. Stormen hade ändrat deras kurs. Egil visste inte säkert var de var någonstans. Han tänkte inte tala om det för männen. Han kunde bara hoppas på att han fortfarande hade rätt. Det måste finnas land om de seglade vidare västerut.

Flera dagar senare vaknade Toralf tidigt. Han tittade på himlen. Plötsligt såg han något. Först kunde han inte tro det. Sedan tittade han igen. Ja, de fanns verkligen!

Toralf väckte Nils. 'Nils! Nils! Vakna!' ropade han.
'Vad är det?' sade Nils. Han **blundade** fortfarande.
'Jag ser fåglar!'
'Va?'
'Jag ser fåglar på himlen! Det finns land i närheten!'
Nils öppnade äntligen ögonen. Han tittade mot himlen. Långt där borta i väster såg han fåglar! 'Det är sant!' ropade han.

Nils steg upp. Han måste rapportera till hövdingen. Toralf följde med honom. 'Egil, vakna!' ropade Nils.

Egil vaknade hastigt. 'Nils? Toralf? Vad har hänt?'

'Vi ser fåglar på himlen!' ropade Nils.

'Det finns land!' skrek Toralf.

Egil reste sig snabbt. Sedan ropade han till männen på skeppen, 'Vakna allihop! Ro! Kom igen! Det finns land i närheten! Ro!'

Vikingarna rodde fort. Äntligen såg de land. Hövdingen beordrade skeppen att stanna vid en strand i närheten. Stranden var mycket lång. Man kunde se träd och berg i bakgrunden. Det var vackert.

Vikingarna steg ur skeppen. Hövdingen kallade till sig sina män. De delade upp sig i små grupper. Hövdingen sade till en grupp, 'Ni samlar **ved**. Vi behöver en eld.' Sedan tittade han på Toralf och Nils. 'Vi har väldigt lite **proviant** kvar,' sade han. 'Vi klarar oss inte om vi inte jagar. Döda några djur.'

Toralf och Nils gick in i skogen för att jaga. Allt kändes ovanligt. Träden och ljuden var annorlunda. Många djur såg annorlunda ut. Men männen var hungriga. De åt köttet ändå. Det smakade ovanligt men inte dåligt.

Egil talade till männen den kvällen. 'Vi har mat nu. Och vi är tacksamma för det,' sade han till dem. 'Men nu måste vi undersöka området. Vi måste se vad som finns **bortom** stranden. Vi måste **ta reda på** om vi kan odla här. Om vi kan odla här så kommer det fler vikingar hit.'

En av männen frågade, 'Hur vet vi var vi är någonstans? Vissa av oss tror att stormen satte oss ur kurs.'

Egil sade ingenting på flera minuter. Till sist bestämde han sig att inte svara på frågan. I stället sade han, 'Vi måste undersöka den här platsen. Vi börjar i morgon vid **soluppgången**.'

Kapitel 2 Översikt

Sammanfattning

Hövdingen berättar om sina planer för alla i byn. Expeditionen kommer att segla västerut. Toralf och Nils ska följa med. Skeppen ger sig iväg. Några veckor senare är männen oroliga att det inte finns något land i väster, men hövdingen har bevis på att det verkligen finns land. Senare den dagen blåser det upp till storm. Skeppen seglar ur kurs. De hittar land till slut. De lämnar skeppen. De jagar efter mat. De planerar att börja undersöka området nästa dag.

Ordförråd

vara överens to agree

virke wood, timber

bestämma to decide

räcka upp to raise

skicklighet skill

längta efter to long for

överlåta to transfer

uppmuntra to encourage

skick condition

beslut decision

rasande furious

misslyckas to fail

övertygelse conviction

tecken sign

grov sjö heavy sea

befinna sig to be

bekymrad worried

blunda to shut one's eyes

ved firewood

proviant food supplies

bortom beyond

ta reda på to find out

soluppgång sunrise

Läsförståelsefrågor

Välj enbart ett svar för varje fråga.

6) Hur många vikingar finns med på expeditionen?
   a. 30
   b. 60
   c. 75
   d. 85

7) Hur många skepp finns det med på expeditionen?
   a. 2
   b. 3
   c. 4
   d. 5

8) Halvvägs genom resan ___.
   a. blir skeppen anfallna av pirater
   b. kan skeppen inte hålla ihop
   c. börjar skeppen läcka vatten
   d. seglar skeppen in i en stor storm

9) Vem ser fåglarna på himlen först?
   a. Toralf
   b. Nils
   c. Egil
   d. Nils pappa

10) I vilken ordning planerar vikingarna att göra följande?
    a. undersöka området, jaga, odla mat
    b. odla mat, jaga, undersöka området
    c. jaga, odla mat, undersöka området
    d. jaga, undersöka området, odla mat

Kapitel 3 – Beslutet

Männen steg upp med solen. De åt lite av den proviant som fanns kvar efter resan. De hade också kött från jakten.

Toralf gick för att prata med Egil så snart han var färdig.
'God morgon, Egil,' sade han.
'God morgon, Toralf. Vill du något?'
'Jag måste prata med dig.'
'Javisst.'

Toralf ville fråga om en sak. 'I början av resan,' började han, '**tvivlade** männen ofta. De ställde många frågor. De visste inte om det fanns något land i väster. Men du var en bra hövding. Vi har kommit fram **välbehållna** till det här nya landet.'
'Ja. Vad är det du vill säga, Toralf?'
'Mannen som berättade för dig om landet. Han som gav dig bevisen. Vem var han?'
'Du menar mannen som talade om för mig att det här landet fanns?'
'Ja, precis.'
Egil såg sig omkring.
'Är det något som är fel?' frågade Toralf.
'Var är Nils?'
'Han äter, tror jag.'

'Bra. Mannen som berättade för mig om den här platsen var Nils far.'

'Nils pappa?'

'Ja.'

Toralf blev mycket förvånad. Var Nils pappa den mystiske mannen? Men han var ju död. Toralf förstod ingenting. 'Jag trodde att Nils pappa dog på en tidigare expedition som färdades österut,' sade han.

'Nej. Det var **lögn**. Jag skickade honom västerut tillsammans med en expedition från en annan by. Ingen i Askenäs visste något.'

'Skickade du honom till det här landet? Ensam?'

'Nej. Jag skickade honom på en expedition västerut med 60 andra män från en by några dagars resa från Askenäs. Några män dog på resan och några dog här. De andra männen kom tillbaka hem. De var alla **utmattade** och sjuka och dog. Nils far var den siste som dog. Han kom aldrig tillbaka till Askenäs. Men jag hann träffa honom och han berättade för mig om det nya landet. Han gav mig också tygbiten som jag visade er. Jag berättade aldrig om det här för någon i vår by.'

Egil lade fram tyget med bilderna på bordet. Det var någon slags **skrift** på tyget, men det var inte **runor**. Toralf hade aldrig sett något liknande. Han tittade på hövdingen igen. Ja, Egil hade kanske beviset. Nu. Men förut då?

'Hur visste du?' frågar Toralf. 'Varför skickade du Nils pappa med de andra männen västerut? Du trodde att det inte fanns något mer än bara hav.'

'Gudarna visade mig det här landet i en **dröm**.'

'Hade du en dröm? Dog Nils pappa och alla de andra männen för att du hade en dröm?' Toralf tittade på Egil. 'Om Nils får veta det här kommer han aldrig att **förlåta** dig.'

Egil lade en hand på Toralfs arm. 'Du får inte berätta det här för Nils. Nils är den bäste vi har när vi behöver hitta nya platser. Han är nästan lika bra som sin far. Han får inte bli **upprörd**. Vi behöver honom.'

Toralf nickade. 'Jag förstår.'

'Gå tillbaka till de andra männen,' sade hövdingen. 'Och tala aldrig om det här igen. '

En kort stund senare tog männen med sig sina vapen. De gick över stranden in i skogen. De var beredda på strid. Nils ledde gruppen. Det var väldigt varmt. De vandrade i flera timmar. Till slut såg de något nedanför ett lågt berg. Det såg ut som en by. Nils gjorde tecken till männen att stanna.

Nils, Egil och Toralf och de andra tittade ner på byn. Den såg inte alls ut som deras egen by. Husen var annorlunda. Männen, kvinnorna och barnen var mörkare och hade konstiga kläder. Var de vänner eller **fiender**? Männen visste inte vad de skulle tro.

Hövdingen gick mot byn. De andra följde efter. Först blev många människor i byn rädda. Några sprang in i sina hus. Egil gjorde en lugnande **gest**. 'Vi kommer inte för att skada er!' sade han med låg och lugn röst. Han **upprepade** orden flera gånger.

Byns hövding kom fram till Egil och erbjöd honom en dryck. Egil tittade på drycken. Då sade byns hövding 'vatten' på vikingarnas eget språk. Egil tittade förvånat på honom. Mannen förstod deras språk!

Egil talade med byns hövding en lång stund. Hövdingen förklarade många saker. Han hade lärt sig lite av vikingarnas språk av män som varit där i en tidigare expedition.

Byns hövding förklarade vad som hade hänt med männen. Människorna i byn hade inte dödat dem. De hade försökt hjälpa dem men flera män hade ändå dött. Några hade dödats av djur. Några dog för att de hade ätit **giftiga** bär. Några dog av **sjukdomar**.

Efter att ha pratat med byns hövding kallade Egil till sig sina män och sade, 'Hövdingen har berättat många saker för mig. Det viktigaste är att det har funnits vikingar här tidigare. De lyssnade inte på folket i byn. Och flera av dem dog.' Han tittade allvarligt på sina män.

Egil fortsatte, 'Han berättade för mig att några av vikingarna som var här reste tillbaka över havet. De återvände hem.' Han gjorde en paus. 'Jag har träffat några av dessa män på en av mina resor,' fortsatte han. 'De berättade för mig om det här landet. Men de är alla döda.'

Männen tittade på varandra. Det var alltså så Egil kände till landet i väster.

Egil var inte färdig. Han var tyst en stund. Sedan sade han, 'Vi måste fatta ett beslut. Vi vet inte exakt var vi är. Stormen tog oss alldeles för långt ur kurs.' Vikingarna stod alldeles tysta.

Sedan fortsatte Egil, 'Vi måste bestämma hur vi ska göra. Ska vi stanna här? Ska vi lära oss att leva i den här byn? Om vi gör det kommer alla här att hjälpa oss. De kan visa oss hur man skaffar mat. De kommer att lära oss allt vi behöver kunna för att leva här.' Han såg sig omkring på männen. 'Eller är vårt mål att komma hem? Och riskera att dö på vägen?'

Hövdingen såg sig omkring. 'Det här är bra människor,' började han. 'De känner till landet. De kan odla. De kan jaga. Här finns gott om land att odla och gott om djur i skogen. De har bett oss att stanna. För mig är **valet** klart. Jag kommer att stanna.'

Männen tittade på Egil. En av dem ropade, 'Ska vi bara lämna våra familjer? Aldrig se våra vänner igen? Det kan vi inte göra!'

En annan man ropade, 'Titta på våra skepp! De blev svårt skadade av stormen. Det blir inte lätt att reparera dem. Vi kan inte komma hem välbehållna. Jag tycker att vi stannar.'

Hövdingen såg på sina män. 'Ni har rätt båda två. Därför kommer var och en att få välja själv. Om du vill åka härifrån är du fri att göra det. Om du väljer att stanna är du välkommen att göra det. Men från och med nu är jag inte er hövding längre. Jag är bara en vanlig man.'

De följande dagarna bildades två grupper. En grupp planerade att stanna i det nya landet. De skulle bygga en egen vikingaby nära den andra byn. Den andra gruppen skulle återvända hem. De skulle ta de två minst skadade skeppen. I Askenäs skulle de kunna berätta vad som hänt. Kanske fler skulle vilja komma till det nya landet?

En månad senare seglade den gruppen iväg mot hemlandet. När de hade **försvunnit** ut på havet talade Egil. 'Det gick inte som planerat.'

'Nej, det gjorde det inte,' svarade Nils när han tittade på sin hövding. 'Du ville hjälpa vår by. Det gick inte som **förväntat**. Men det här är en bra plats. Vi kan bo här.'

'Ja,' sade Toralf. 'Det blir intressant. Det är spännande att vara på en ny plats med så mycket nytt.'

'Och vi kan fortsätta utforska det här landet,' fortsatte Nils. 'Vi kan hitta nya intressanta **utmaningar**. Oroa dig inte. Vi kommer att bli lyckliga här.' Sedan log han och sade, 'Hövding.'

Männen skrattade. De längtade redan efter sin nästa expedition – att utforska ett helt nytt land. De visste inte att de var på en kontinent som senare skulle kallas Nordamerika.

Kapitel 3 Översikt

Sammanfattning

Toralf frågar hövdingen hur han kände till det nya landet. Egil förklarar att en man från Askenäs var med på en hemlig expedition västerut. Mannen kom tillbaka och berättade om det nya landet innan han dog. Egil och hans män undersöker området. De hittar en liten by. Byns hövding talar vikingarnas språk. Han hade lärt sig det av vikingarna som var där tidigare. Några män vill resa hem. Egil, Nils och Toralf och flera andra bestämmer sig för att stanna. De vill veta mer om det nya landet. De vet inte att de är i Nordamerika.

Ordförråd

tvivla doubt

välbehållen safe and sound

lögn lie

utmattad exhausted

skrift writing

runor runes

dröm dream

förlåta to forgive

upprörd upset

fiende enemy

gest gesture

upprepa to repeat

giftig poisonous

sjukdom illness, disease

val choice

försvinna to disappear

förvänta to expect

utmaning challenge

Läsförståelsefrågor

Välj enbart ett svar för varje fråga.

11) Vem talade om för hövding Egil om landet i väster?
a. Egils pappa
b. Toralfs pappa
c. Nils pappa
d. Byns hövding

12) När vikingarna undersöker området stöter de på ___.
a. många vilda djur
b. en annan grupp vikingar
c. en grupp bofasta människor
d. en bondgård

13) Vikingarna bildar två grupper eftersom ___.
a. de är hungriga
b. de måste strida
c. de vill göra olika saker
d. deras kurs ändrades

14) Egil bestämmer sig för att ___.
a. resa tillbaka till Askenäs
b. fortsätta resan till andra platser
c. stanna i det nya landet
d. strida mot människorna i byn

15) Området i berättelsen kallas idag för ___.
a. Norge
b. Nordamerika
c. Storbritannien
d. Sydamerika

Den osynliga kvinnan

Kapitel 1 – Metallklotet

Anna är en **genomsnittlig** kvinna av genomsnittlig längd och vikt. Hon har ett genomsnittligt arbete med genomsnittlig lön. Hon bor i ett genomsnittligt hus och kör en genomsnittlig bil. Hon har till och med en genomsnittlig katt! Anna har helt enkelt ett genomsnittligt liv utan dramatik.

Anna har universitetsutbildning och bor och jobbar i Sundsvall. Hon är administrativ assistent på **försäljningsavdelningen** på ett stort **företag**.

Hon är en **föredömlig anställd** och en perfekt **yrkeskvinna**. Hon går oftast hem sent från arbetet. Hon talar aldrig illa om sitt företag.

Anna älskar Sundsvall. På helgerna gillar hon att vara tillsammans med sin man och sina vänner. De sportar, går på bio eller teater. Senast förra veckan såg Anna och hennes man en fantastiskt bra film. Men ibland vill Anna ha **egentid**. Det är därför hon lämnar staden ibland.

Idag är det fredag. Anna har slutat efter lunch. Det är ovanligt! På eftermiddagen åker hon ut på landet tillsammans med sina vänner Amir och Sofia. De tänker grilla på någon trevlig plats.

Anna stannar bilen i en vacker skog med höga träd. Sofia tittar sig omkring. 'Det här är en perfekt plats att grilla på!' säger hon.

'Jag håller med,' säger Amir. 'Har vi tillräckligt med mat?'

'Självklart,' svarar Anna. 'Jag vet hur galen i mat du är!' Alla skrattar och Anna säger, 'Nu sätter vi igång att laga mat!'

Amir och Sofia hämtar **matkassarna** från bilen. De sätter upp grillen, sätter på lite musik och börjar förbereda maten. Anna **tänder** grillen och väntar på att **glöden** ska bli perfekt. **Under tiden** kollar hon sin mobil.

'Åh nej!' säger Anna. Chefen på kontoret har skickat ett sms. Anna har glömt att skicka ett viktigt meddelande till produktionsavdelningen. De behöver det med en gång! Anna har nyss ansökt om en **tjänst** där. Hon har en intervju på måndag. Hon måste lösa det här problemet direkt.

Anna tittar på sina vänner. Hon håller upp mobilen. 'Hör ni,' säger hon. 'Jag är strax tillbaka. Jag måste ringa ett jobbsamtal.'

'Äsch, kom igen, Anna,' säger Amir. 'Du jobbar ju alltid . . . .'

'Amir har rätt, Anna,' tillägger Sofia.

'Jag vet . . . Jag vet . . . ,' säger Anna. 'Men jag har fått ett meddelande från chefen. Och hon är inte glad.'

Anna går en bit bort. Det är nästan mörkt bland de höga träden. Hon kan knappt se någonting.

Anna ringer till kontoret. Hon pratar med en kollega. Kollegan ber henne vänta på chefen.

Medan hon väntar ser sig Anna omkring. Hon får plötsligt syn på något. Hon ser ett underligt ljus. Anna stoppar mobilen i fickan och går bort mot ljuset.

Ljuset kommer från ett vackert metallklot. Anna har aldrig sett något liknande. Klotet är täckt av ett komplicerat **mönster**. Hon sträcker ut handen för att **röra** vid det. Metallen är kall men känns ändå skön.

Anna tar upp klotet. Då **slocknar** ljuset lika fort som det tändes. Klotet känns väldigt konstigt i hennes hand. Det är nästan för kallt. Anna gillar inte känslan. Hon **släpper** klotet och går tillbaka till grillningen.

Anna kommer fram till sina vänner. De pratar om henne. 'Anna borde stänga av sin mobil på helgen,' säger Amir.

'Jag håller med,' tillägger Sofia. 'Det är inte bra att arbeta så mycket. Kroppen och huvudet behöver lugn och ro. Hon borde koppla av ibland.'

'Pratar ni om mig?' skrattar Anna. 'OK! OK! Jag ska koppla av!'

Amir och Sofia säger inget. Amir kollar grillen. Annas vänner verkar ignorera henne helt. De tittar inte ens på henne.

'Varför tittar ni inte på mig?' frågar Anna. Hon vinkar åt Amir. Hon går alldeles nära Sofia. Sedan testar hon dem på riktigt. Hon dansar omkring och **flaxar** med armarna. Sofia tittar sig omkring men både hon och Amir fortsätter att ignorera Anna. Det är som om hon inte finns!

Amir och Sofia fortsätter att prata om Anna. 'Jag undrar var hon är någonstans,' säger Amir. 'Hon har pratat i telefon en lång stund. Jag börjar bli orolig.'

'Du känner väl henne,' säger Sofia. 'Hon går säkert igenom finanser eller kontrakt eller något. Hon är snart tillbaka.'

Då inser Anna att hennes vänner inte kan se henne. Hur **otroligt** det än är så verkar hon vara osynlig. Det är som om hon är med i en TV-serie!

'Åh jösses!' tänker Anna. 'Jag kan inte tro att det är sant!' Sedan tänker hon, 'Men varför?' Plötsligt kommer Anna ihåg det mystiska lysande klotet bland träden. 'Är det på grund av klotet?' tänker hon. 'Är jag osynlig för att jag rörde vid det?' Hon är inte säker.

Anna vet inte vad hon ska göra. 'Jag vet inte hur länge det där ljuset kommer **påverka** mig,' säger hon. Så bestämmer hon sig. 'Jag är osynlig! Jag måste **njuta av** det!'

Anna tittar på sina vänner. Amir tar mat från grillen. Sofia ställer fram kalla drycker. Anna lyssnar på deras samtal.

'Ja, jo,' säger Sofia. 'Anna arbetar mycket, men det här är hennes stora chans. Hon kan bli företagets **VD** en vacker dag!'

'Jo, men hon tjänar inte tillräckligt,' kommenterar Amir.

'Det är sant,' instämmer Sofia. 'Men hennes lön kommer att bli bättre. Hon kommer att få det hon är värd. De börjar inse att hon är deras bästa assistent. Vem vet hur långt hon kan gå.'

'Ja, jag vet. Men jag önskar bara att hon kunde slappna av lite mer.'

'Jag vet. Jag också,' säger Sofia medan hon lägger några tomater på grillen.

Anna är förvånad. Hon visste inte att hennes vänner respekterade henne så mycket. Allt de säger om henne är så trevligt! Hon ler glatt.

Plötsligt ändrar Amir tonen. 'Allvarligt talat,' säger han. 'Var är Anna?'

'Jag vet verkligen inte,' svarar Sofia. 'Vi går och letar efter henne.'

Annas vänner stänger av musiken och går bort mot träden direkt mot metallklotet. Amir ser det först. 'Titta, Sofia. Vad är det här?' Han böjer sig ner och tar upp det. Han undersöker det.

Sofia ger honom en **bekymrad** blick. 'Jag vet inte . . . men jag skulle inte ha rört det om jag var du!'

Amir tittar förvånat på henne. 'Du har rätt!' Han kastar in klotet bland träden. De fortsätter att leta efter Anna.

Efter en stund går Amir och Sofia tillbaka till grillen. Annas bil är inte där! Amir och Sofia tittar förvånat på varandra. 'Vad är det som händer här? Är det här någon slags lek?' frågar han.

'Jag har ingen aning,' svarar Sofia. 'Ingen aning alls.'

Under tiden är Anna på väg tillbaka till Sundsvall. Hon vill njuta av effekterna av att vara osynlig. Det bästa sättet att uppleva det är bland många människor. Medan hon kör ringer hennes vänner ett viktigt samtal – till polisen!

Kapitel 1 Översikt

Sammanfattning

Anna är en genomsnittlig kvinna. Hon är administrativ assistent i Sundsvall. En dag åker Anna och hennes vänner ut på landet. De ska grilla. Anna hittar ett underligt lysande metallklot i skogen. Hon rör vid det och blir osynlig. Ingen kan se henne. Anna åker tillbaka till Sundsvall. Hon vill ha roligt som osynlig. Hennes vänner är oroliga och ringer till polisen.

Ordförråd

metallklot metal ball

genomsnittlig average

försäljningsavdelning sales department

företag company

föredömlig anställd model employee

yrkeskvinna career woman

egentid one's own time

matkasse bag of groceries

tända to light

glöd embers

under tiden meanwhile

tjänst post, job

mönster pattern

röra to touch

slockna to go out

släppa to let go, release

flaxa to flutter, to flap

otroligt unbelievable

påverka to influence

njuta av to enjoy

VD (verkställande direktör) managing director

bekymrad worried

Läsförståelsefrågor

Välj enbart ett svar för varje fråga.

1) Anna arbetar som ___.
   a. administrativ assistent
   b. kock
   c. chaufför
   d. försäljare

2) Anna är ___.
   a. en mycket ung tjej
   b. en medellång kvinna
   c. en gammal kvinna
   d. inte väl beskriven i historien

3) Annas bästa vänner heter ___.
   a. Olle och Hanna
   b. Josef och Anna
   c. Amir och Sofia
   d. Jimmy och Sara

4) Hennes vänner tycker att Anna ___.
   a. borde leta efter ett nytt jobb
   b. inte arbetar tillräckligt
   c. arbetar för mycket
   d. kunde vara en bättre anställd

5) Anna bestämmer sig för att ___.
   a. åka tillbaka till Sundsvall för att be om hjälp
   b. ringa till sina vänner
   c. njuta av sina nya kraft
   d. tjuvlyssna på folk hon inte känner

Kapitel 2 – I stan

Anna kommer fram till Sundsvall. Hon parkerar nära centrum. Hon går igenom stan. Ingen ser henne. Hon kan inte tro det är sant. Hon skrattar tyst. 'Det här är underbart!'

Anna funderar på vad hon ska göra. Hon föreställer sig en lista med allt som kunde vara roligt. Hon börjar skratta. För första gången i sitt liv är hon inte genomsnittlig!

Anna går längs Rådhusgatan. Det finns många små affärer där. Många **kunder** är ute och handlar nu på fredagseftermiddagen.

Anna går in i en affär. Även om folk inte kan se eller höra henne så kan de känna henne. Hon måste vara försiktig. Hon plockar upp några skor och en **klänning**. Hon tittar på dem men sedan lägger hon tillbaka dem. Hon gillar att vara osynlig men hon vill inte stjäla.

Därefter går Anna till en populär restaurang. Det är lång **kö** för att komma in. Hon går lätt förbi den. Hon går rakt in. 'Det här är roligt!' tänker hon. Hon njuter verkligen av att vara den Osynliga Kvinnan.

Anna stannar på restaurangen en stund. Sedan får hon en idé. Hon ska åka till kontoret! Hennes chef arbetar sent idag. Det vore roligt att se vad hon gör. Särskilt om hon inte vet att Anna är där.

Anna skyndar sig till kontoret. Hon går in i huset. Hon går till receptionen. Datorerna är avstängda. Säkerhetskamerorna spelar inte in henne. Hon är säker!

Anna väntar en minut. En annan administrativ assistent kommer in i huset. Han är på väg till samma kontor. Hon följer efter honom till hissen. Snart är hon på elfte **våningen**. Dags att leta efter chefen!

Annas chef Emma Jansson är på kontoret. Hon pratar med flera andra chefer. 'Våra anställda arbetar väldigt hårt,' säger hon. 'Vi erbjuder bonusar till vissa personer. Viss **personal** får till och med **aktier**. Men de flesta anställda får bara en procent av vår **vinst**. Men det är inte tillräckligt. Vi måste förändra organisationen. Vi måste förbättra vår affärsverksamhet. Våra anställda behöver tjäna mer pengar.'

Anna kan inte tro det. 'Emma Jansson kämpar för sina anställda!' tänker hon. 'Jag trodde aldrig att det skulle hända!'

'Till exempel,' fortsätter Emma Jansson. 'Jag har en assistent som heter Anna. Hon har arbetat här i fem år. Hon lägger ner många timmar på jobbet. Hon har aldrig bett om **löneförhöjning**. Hon är mycket **effektiv**. Men vi kan inte ge Anna högre lön just nu. Varför inte? Därför att företagets vinst det här **kvartalet** är låg. Vi måste behålla pengarna för att fortsätta **verksamheten**. Något måste förändras!'

'Åh, jösses!' säger Anna till sig själv. 'Min chef sade just att jag är duktig! Inför allihop! Det är verkligen bra för min karriär!' Sedan tänker hon, 'Det är synd att företagets vinst inte är så bra. Men hur kan det vara så? Peter arbetar ju på det där stora teknikprojektet. Jag förmodar att det kommer att förbättra vinsten.'

Anna vill veta vad som händer. Och nu är det ett perfekt tillfälle att kolla. Hon är ju osynlig trots allt. Hon har **tillgång** till allting!

Anna går till Peters kontor. Peter är dataprogrammeringschef. 'Jag vill inte stjäla hans idéer,' tänker hon. 'Jag vill bara veta varför företaget inte tjänar tillräckligt med pengar.'

Peter har varit mycket **framgångsrik**. Han började som försäljningsassistent och nådde alltid sina försäljningsmål. Då flyttade de honom till chefsgruppen. Nu arbetar han på ett stort projekt. Det ska tydligen handla om väldigt mycket pengar. Snart kommer företagets ekonomiska problem att vara lösta.

Anna bestämmer sig för att titta igenom Peters arkiv. Hon kan fortfarande höra sin chef prata utanför. 'Säg mig, Peter,' börjar Emma Jansson. 'Jag vet att du jobbar på det stora teknikprojektet som är baserat på **nätverksmjukvaran** vi arbetade med tillsammans. Projektet har stor potential, eller hur? Visst kan det göra oss rika?'

'Jag är verkligen ledsen, Emma,' börjar Peter. 'Men projektet kommer inte att vara möjligt. Det kostar för mycket. Det kräver en enorm investering. Och nätverksmjukvaran är oerhört avancerad. Vi har helt enkelt inte tekniken.'

Medan Anna lyssnar hittar hon projektmappen. Peter har gjort mycket **forskning**. Hans dokument visar det. Men Peter har helt klart fel. Enligt datan och dokumenten har projektet stor potential just nu. Tekniken är inte så avancerad. Hon tittar på dokumentet igen. Peter ljuger. Projektet är väldigt **lönsamt**.

'Varför vill Peter inte genomföra projektet?' tänker hon. 'Det är ett toppenprojekt! Varför ljuger han?' Sedan ser hon något. Det är en annan mapp. Inuti finns ett brev. Det är skrivet på papper från en **konkurrent**!

Anna läser brevet fort. Peter har sålt idén till konkurrenten. Han planerar att säga upp sig från jobbet för att arbeta för det andra företaget! 'Hur kan han göra det?' tänker hon. 'Om vi inte får det här projektet så får jag ingen löneförhöjning!'

Anna bestämmer sig för att göra något åt Peter. Hon tar Peters brev från projektmappen. Hon lägger det på sin chefs skrivbord. 'Så där!' säger hon. 'Emma kommer att få en fin överraskning. Peter också – förhoppningsvis från polisen!'

Det börjar bli sent. Anna lämnar kontoret. Hon tänker åka hem till sin man. De har **bråkat** mycket på sista tiden. De hade faktiskt ett stort bråk om jobbet nu på morgonen. Det blir intressant att se hennes man när hon är osynlig. Kanske kan hon lära sig något!

Anna kör hem. Hon går försiktigt in i huset. När hon kommer in hör hon att hennes man gråter. 'Vad står på?' frågar Anna sig själv. Då hör hon honom prata.

'Är ni helt säkra hos polisen?' säger han **sorgset**.

Hennes man Jakob pratar i telefon. Han pratar med polisen! Då inser Anna att hon har varit försvunnen i flera timmar. Jakob är förmodligen väldigt orolig.

Jakob avslutar samtalet. Han börjar gråta ännu mer. Anna inser något annat. Jakob älskar henne fortfarande. Hon tittar på honom. Hon kan se att han mår dåligt. Anna bestämmer sig med en gång. Trots alla problem vill hon ordna upp deras **förhållande**.

Anna vill sträcka ut handen och röra vid sin man. Sedan kommer hon ihåg – hon är osynlig. Han kommer att bli rädd. För första gången börjar Anna fundera över sin situation. Att vara osynlig är roligt för det mesta. Det har sina **fördelar**, men hon vill inte vara det för evigt!

Hur kan Anna bli synlig igen? Plötsligt får hon en idé. 'Ja, självklart! Metallklotet!' tänker hon. Hon måste röra vid klotet igen. Det kanske gör henne synlig. Hon måste åka tillbaka till skogen!

Anna hoppar in i bilen. Hon kör ut ur Sundsvall. Det är inte mycket trafik på gatorna. 'Det är tur,' tänker Anna. 'En osynlig kvinna som kör bil skulle vara svårt att förklara. Tur att ingen reagerade när jag körde in till stan.'

Till slut kommer Anna fram till skogen. Sofia och Amir är fortfarande där. Men det finns många andra där också – både poliser och andra människor. 'Vad är det som händer?' tänker Anna.

Kapitel 2 Översikt

Sammanfattning

Anna är fortfarande osynlig. Först går hon på stan. Sedan kör hon till sitt kontor. Hon lyssnar till ett möte om låga vinster. En chef som heter Peter säger att ett stort projekt är omöjligt. Anna kollar Peters arkiv. Han ljuger. Han har sålt projektidén. Anna ger Peters mapp till sin chef. Sedan åker hon hem till sin man. Hon förstår att han älskar henne. Hon tänker röra vid metallklotet igen för att bli synlig. Hon kör till skogen. Det är fullt med folk där.

Ordförråd

kund customer

klänning dress

kö queue, (*Am. Eng.*) line

våning floor

personal staff

aktie a share, (*Am. Eng.*) stock

vinst profit

löneförhöjning rise in salary, (*Am. Eng.*) salary raise

effektiv efficient

kvartal quarter (of a year)

verksamhet business

tillgång access

framgångsrik successful

nätverksmjukvara network software

forskning research

lönsam profitable

konkurrent competitor

bråka to quarrel

sorgset sadly
förhållande relationship
fördel advantage

Läsförståelsefrågor

Välj enbart ett svar för varje fråga.

6) Anna promenerar ___.
   a. längs Rådhusgatan
   b. i en park
   c. förbi ett kafé
   d. i skogen

7) Sedan bestämmer sig Anna för att åka till ___.
   a. sitt hus
   b. sitt kontor
   c. en by
   d. en annan affär

8) Peter, en chef på Annas företag, ___.
   a. vill köpa företaget
   b. vill gå på dejt med Anna
   c. ljuger om ett projekt
   d. vill ge alla löneförhöjning

9) Vad inser Anna om sin man?
   a. Hon älskar honom inte
   b. Han älskar henne inte
   c. Hon vill förbättra deras förhållande
   d. Hon vill lämna honom

10) Anna tror hon kan bli synlig genom att ___.
   a. röra vid metallklotet igen
   b. förstöra metallklotet
   c. köra metallklotet till Sundsvall
   d. prata med Peter

Kapitel 3 – Tillbaka igen

Anna är tillbaka i skogen. Det är mycket folk där. Polisen också. 'Vad gör alla dessa människor här?' tänker Anna. Sedan inser hon att de är här för hennes skull.

Sofia och Amir står och pratar och ser oroliga ut. Anna tittar sig omkring. Så många är där – förutom polisen ser hon många av sina vänner och flera kolleger från kontoret. Och Jakob kör precis in på parkeringen. Men Anna hinner inte tänka på det – nu är det **bråttom** att hitta metallklotet! Hon springer in bland träden.

'Tänk efter, Sofia,' säger Amir sorgset. 'Var kan Anna vara? Jag menar, vi var ju här hela tiden!'

'Jag har ingen aning,' svarar Sofia. 'Hon kommer säkert tillbaka. Det är bara så konstigt . . . .'

'Jo. Ena stunden pratar hon i sin mobil och i nästa stund är hon borta!'

'Jag vet,' säger Sofia. 'Jag är verkligen orolig . . . .'

Anna lyssnar. Hon känner sig **illa till mods**. Hon vill inte **såra** sina vänner eller sin man. Hon vill inte **slösa** bort folks tid. Hon vill bara tillbaka till metallklotet. Hon är trött på att vara osynlig!

Hon hör Amir och Sofia prata. 'Förresten, Sofia. Kommer du ihåg det där metallklotet? Vid träden där borta?'

'Ja?'

'Jag har en teori.'

Sofia tittar på honom. 'En teori?'

'Ja,' fortsätter Amir. 'Tänk om det är något mer än så? Tänk om klotet gjorde något med Anna?'

Sofia fortsätter att titta på Amir. Hon ser **förbryllad** ut. Men Anna är inte förbryllad. Hon är orolig. Hon vill inte att hennes vänner ska veta något. Hon vill bara röra vid klotet och bli synlig igen. Hon vill inte behöva förklara.

Amir tittar noga på Sofia. 'Kanske det är något speciellt med klotet. Det kanske gjorde så att Anna blev sjuk. Eller så kanske det förde bort henne någonstans! Man vet aldrig . . . .'

Sofia skakar på huvudet. 'Du och dina teorier, Amir . . . .' Sedan gör hon en paus. Det finns ingen annan **förklaring**. Kanske . . . .

'Tänk efter. Anna försvann i närheten av klotet,' tillägger Amir. De tittar på varandra. Sedan säger Amir, 'Kom igen! Vi går och kollar.'

Sofia följer med honom. 'OK. Vi kollar.'

Sofia och Amir går in bland träden.

'Åh nej!' tänker Anna. 'Tänk om de tar klotet? Eller ger det till polisen?' Anna springer före sina vänner. Hon måste hitta klotet först!

Anna kommer först fram till platsen där hon hittade metallklotet första gången. Det är borta! 'Var är klotet?'

tänker hon. 'Det måste vara här någonstans! Det kan inte ha **flugit** iväg!' Hon fortsätter att leta.

Amir och Sofia kommer närmare. 'Det måste vara här någonstans. Jag kastade det här borta,' säger Amir och pekar mot träden.

'Där har vi det!' tänker Anna. Hon börjar känna paniken komma. 'Någon har flyttat på det! Tänk om de har **tappat** bort det? Jag måste få tag på klotet!' Anna springer dit Amir pekar. Amir och Sofia går också åt det hållet. Plötsligt böjer Amir sig ner och tar upp något från marken. Han har metallklotet i handen!

Anna tittar noga på klotet. Det lyser inte alls nu. Hon vet inte vad det betyder. Hon behöver bara hitta ett sätt att röra vid klotet igen. Hon vet att det kommer göra henne synlig. Bara inte Amir tar det med sig!

'Sofia! Jag har hittat det!' ropar Amir.

Sofia springer dit. 'Oj! Vad är det egentligen för klot?' frågar hon.

'Jag har ingen aning,' svarar Amir. 'Det är runt och gjort av metall. Men jag vet inte vad man ska ha det till.'

'Tror du verkligen att klotet påverkade Anna på något sätt?'

'Jag tvivlar på det. Det verkar inte klokt. Det är ju bara ett metallklot. Där **gick** min teori **upp i rök** . . . .' Amir kastar in klotet bland träden. Anna tittar noga vart det landar.

'Kom igen,' säger Sofia medan de vänder sig om för att gå tillbaka. 'Nu kollar vi om polisen har några idéer vad vi ska göra. Kanske de har kollat med sjukhusen . . . .'

Anna väntar på att Sofia och Amir ska gå sin väg. Hon måste röra vid klotet. Men hon vill inte **skrämma** sina vänner. Om hon plötsligt **dyker upp** blir de säkert väldigt rädda!

När Amir och Sofia har försvunnit går Anna fram tilll metallklotet och rör vid det. Först känner hon ingenting. Sedan börjar det konstiga förmålet lysa klart. Anna börjar skaka. 'Äntligen händer det något!' tänker hon.

Plötsligt slutar Anna skaka. Metallklotet lyser fortfarande. 'Är det allt? Fungerade det?' undrar Anna. Hon får snart svar. 'Anna! Anna!' hör hon. 'Är det du?' Det är Sofia och Amir. De kan se henne! Hon är synlig!

Annas vänner springer mot henne. Hon har fortfarande klotet i handen. 'Oj då,' tänker hon. Hon släpper snabbt klotet. Det rullar långsamt längre bort in i skogen. Snart kan hon inte se det längre.

'Var har du varit, Anna?' ropar Amir. Anna vänder sig om. Sedan lägger Sofia till, 'Och vad var det för ljus? Det var så starkt!' Sedan springer hon mot parkeringen. 'Hallå! Hallå allihop!' ropar hon. 'Vi har hittat henne!'

Anna vet inte vad hon ska säga. Att säga **sanningen** skulle göra det väldigt komplicerat. Ingen skulle tro henne. En osynlig kvinna? Säkert!

Plötsligt hör Anna någon som ropar hennes namn. Det är Jakob! Han springer fram till henne, kramar henne hårt och **kysser** henne. Han ser henne i ögonen och säger, 'Var har du varit? Jag var så orolig!'

Anna vet inte vad hon ska säga. 'Jag var i . . . i . . . jag . . . .'

Hon ser sig omkring bland alla dessa människor som har kommit för att leta efter henne. Hon ser till och med hennes chef har kommit. Hon blir alldeles varm i hjärtat. Hon är så tacksam för allt **stöd**.

Alla samlas runt Anna. De är så glada och börjar prata på en gång. 'Vi var så oroliga!' upprepar Jakob.

'Vart gick du?' säger Amir.

'Du kommer inte tro vad som har hänt på kontoret!' säger Emma Jansson.

Anna håller upp en hand. 'Snälla . . . Snälla . . . Låt mig säga något.' Folksamlingen tystnar. Anna ser sig omkring. 'Först vill jag tacka er alla. Tack så mycket för all er hjälp. Jag **uppskattar** verkligen allt ert stöd.' Sedan fortsätter hon, 'Jag är säker på att ni undrar var jag var någonstans. Sanningen är att . . . .' Anna gör en paus. Ska hon verkligen tala om sanningen för dem? Skulle de tro på henne? Skulle de tro att hon var galen?

Anna börjar om. 'Sanningen är . . . att jag gick vilse,' förklarar hon. 'Jag pratade i mobilen. Jag såg inte vart jag gick. Plötsligt kunde jag inte hitta tillbaka. Och så dog mobilen. Jag kunde inte ringa till Amir eller Sofia. Jag har gått omkring länge i skogen. Jag blev väldigt trött och sov en stund under ett träd.' Hon ler och säger, 'Tack ännu en gång.'

Anna och Jakob går till hans bil. De ska köra hem tillsammans. De får hämta Annas bil senare. De går förbi Amir och Sofia. Anna kramar dem.

'Men din bil då?' säger Amir. 'Den var ju borta!'

'Och det där ljuset?' frågar Sofia. 'Vad var det för något? Och vet du, vi såg något bland träden. Det var ett metallklot och . . . .'

Anna bara ler och skakar på huvudet. Hon kanske kommer att berätta allt för dem senare, men inte just nu. Hennes **upplevelse** som osynlig kvinna var fantastisk! Hon lärde sig att hon har goda vänner, en bra chef och en underbar man. Hon lärde sig också något ännu viktigare – det är fantastiskt att ha ett helt vanligt liv!

Kapitel 3 Översikt

Sammanfattning

Anna kör tillbaka till skogen. Många människor är där för att leta efter henne. Sofia och Amir tror att det konstiga klotet gjorde något med Anna. De hittar klotet men kastar sedan bort det. Anna hittar klotet och rör vid det. Hon blir synlig igen. Alla är glada över att se henne. Men de har många frågor. Anna kommer att svara på dem senare. Först vill hon njuta av att leva ett vanligt liv igen.

Ordförråd

bråttom in a hurry
illa till mods ill at ease
såra to hurt
slösa to waste
förbryllad bewildered, puzzled
förklaring explanation
flyga to fly
tappa to lose
gå upp i rök to vanish into thin air
skrämma to frighten
dyka upp to show up
sanning truth
kyssa to kiss
stöd support
uppskatta to appreciate
upplevelse experience

Läsförståelsefrågor

Välj enbart ett svar för varje fråga.

11) Anna hör ____ prata i skogen.
   a. sin chef och sin man
   b. sin chef och Amir
   c. sin man och Sofia
   d. Amir och Sofia

12) Först vill hennes vänner ___.
   a. åka tillbaka hem
   b. hitta det konstiga föremålet igen
   c. ringa till polisen
   d. ringa till Jakob

13) Anna vill ___.
   a. kasta iväg klotet
   b. hitta klotet före sina vänner
   c. gömma sig bland träden
   d. tjuvlyssna på polisen

14) Anna rör vid metallklotet igen och ___.
   a. blir synlig
   b. fortsätter att vara osynlig
   c. blir rädd
   b. inget händer

15) När hon pratar med sina vänner bestämmer hon sig för att ___.
   a. aldrig berätta sanningen
   b. berätta sanningen direkt
   c. berätta sanningen en annan dag
   d. försöka bli osynlig igen

Rymdkapseln

Kapitel 1 – Kapseln

År 2850 var klimatet på Jorden dåligt. Människorna behövde dessutom mer plats, mer mat och mer frihet. Därför började de flytta till andra planeter. De startade kolonier på flera av dem. Varje koloni styrdes av en kung.

I början var det fred och **framgång**. Människorna på de olika planeterna arbetade tillsammans och hjälpte varandra.

Sedan förändrades saker och ting. Det skedde en snabb **befolkningsökning**. Människorna på de olika planeterna behövde mer mat och resurser. Varje koloni ville ha mer. Då började problemen.

Politiska **åsikter** och **överenskommelser gällde** inte längre. Det blev krig. Kolonierna stred om land och makt. Till slut fanns det bara två kungariken kvar, planeterna Jorden och Kalkia. Jordborna och kalkianerna ville båda ha all makt.

Jordbornas **regering** låg på Jorden. De hade en stor och vacker **huvudstad**. Politikerna möttes i huvudstadens regeringsbyggnad. Där diskuterade de många olika ämnen – och naturligtvis kriget.

Jordbornas kung var en gammal man som hette Valior. Han blev **vald** för många år sedan. Valet hade inte gått rätt till men det bekymrade inte Valior. Han hade lett många krig men hade bara förlorat några få. Han var en kung som gjorde **vad som helst** för att vinna.

En dag talade Valior till sina ministrar. 'Vi måste avsluta kriget,' ropade han. 'Ekonomin på vår planet klarar inte mer krig. Vårt folk **svälter**. Jordborna behöver mer mat, bättre bostäder och vägar.'

Aldin var Valiors mest **pålitlige** minister. Han bad om ordet. 'Men, Ers Majestät,' sade han, 'kalkianerna fortsätter att anfalla oss. Vi kan inte bara sitta här. Vår nation behöver en stark militär! Vi måste försvara oss.'

'Jag håller med, men det finns en sak vi kan göra. Jag har gjort något som . . . .'

Plötsligt hördes det **oväsen** utanför rummet. Dörren öppnades. En säkerhetsvakt kom in. Han höll i en kvinna som ropade, 'Släpp mig! Jag har nyheter till kungen! Släpp mig!'

Kung Valior tittade mot dörren. 'Vad är det som pågår?' ropade han. 'Vi har ett **möte** här!'

'Jag är ledsen,' sade vakten. 'Den här kvinnan vill absolut tala med Ers Majestät. Hon säger att det är mycket viktigt.'

'Visst. Fortsätt. Vad är det?'

Kvinnan blev plötsligt väldigt nervös och började **stamma**. 'Ers . . . Ers . . . Ers Majestät, jag ber så mycket om ursäkt. Men jag har nyheter.'

'Vad då för nyheter?' frågade kungen. Sedan lade han till, 'Skynda på! Vi har ett viktigt möte här!'

'En rymdkapsel har landat på min **gård**, Ers Majestät.'

'En vad då?'

'En rymdkapsel. Jag tror att den kommer från Kalkia, Ers Majestät.'

'Hur vet du att det är en kalkiansk kapsel?'

'Min man stred mot kalkianerna. Han beskrev dem för mig.'

Kungen och alla hans ministrar blev alldeles tysta. Till slut frågade Aldin, 'Ännu ett anfall? Anfaller de huvudstaden?'

'Nej, nej . . . ,' sade kvinnan. 'Kapseln har inga vapen. Men det finns nog något i den.'

'Inuti den?' sade Valior. Han såg sig omkring i rummet. 'Vad kan det finnas i den?'

'Jag vet inte,' svarade kvinnan. 'Jag var för rädd för att titta efter.'

Valior kallade på sin vakter. Han sade åt dem att åka till gården – fort! Vakterna och kvinnan steg in i en bil. Ministern som hette Aldin följde med.

På vägen pratade Aldin med kvinnan. 'Vad heter du?' frågade han.

'Jag heter Kira.'

'Det är ett vackert namn. Är du bonde?'

'Ja, bondgården är allt jag har kvar.'

'Bor du tillsammans med din man?'

'Min man dog i kriget.'

Aldin kände sig plötsligt **obekväm**. Han bytte ämne. 'Hur ser kapseln ut?'

Kira tittade noga på honom. 'Jag föredrar att du får se den med egna ögon istället,' sade hon. Sedan vände hon sig bort och tittade ut genom fönstret.

'Jaha,' sade en förvånad Aldin. De var tysta under resten av resan.

Bilen kom fram till Kiras bondgård. Aldin, Kira och vakterna steg ur och gick fram till kapseln.

Det fanns spår överallt på marken. Kapseln låg på sidan. Den var öppen.

'Jag trodde inte att du hade tittat inuti kapseln, Kira,' sade Aldin.

'Jag är ledsen att jag inte berättade sanningen förut. Jag ville inte säga något förrän någon annan hade sett det.'

'Sett vad?'

'Titta.'

Aldin gick försiktigt fram till kapseln. Först kunde han inte se någonting. Sedan såg han att det låg en flicka inne i kapseln.

'Det är ett barn!' Han tittade förvånat på Kira.

'Ja. Det var därför jag inte rörde någonting eller sade någonting. Jag visste inte vad jag skulle göra. Jag ville hämta en **läkare** men . . . .'

'Just det!' sade Aldin. 'Flickan är **medvetslös**. Hon kanske behöver **vård**. Vi behöver hjälp!' Aldin bad en av vakterna att ringa efter en läkare. Han lyfte sedan försiktigt upp flickan. Han bar in henne i Kiras hus och lade henne på en säng.

En halvtimme senare var flickan fortfarande medvetslös. Aldin gick ut ur rummet. Kira följde med honom. 'Tala om för mig,' sade Aldin. 'Vet du något mer om kapseln?'

'Nej . . . men den är kalkiansk, eller hur?' sade Kira långsamt.

'Ja.'

'Och barnet då?' frågade Kira.

'Hon ser också ut att vara kalkian.'

'Men vad gör hon här? Varför har de skickat oss ett barn?'

'Jag vet inte,' svarade Aldin. 'När hon vaknar kanske hon kan tala om det för oss.'

'Har hon verkligen rest genom rymden?'

'Det verkar så. Hon kom kanske med ett större **rymdskepp**. **Besättningen** satte henne förmodligen i kapseln. Sedan lämnade de henne i närheten av jorden. Kapseln landade troligen här av sig själv.'

Till slut hörde de en bil komma. Flera läkare kom in. De ville genast **undersöka** flickan. Aldin och Kira höll sig undan.

Det var sent. Aldin såg hungrig ut. Kira bjöd honom på något att äta.

'Har du barn, Kira?' frågade Aldin medan han åt.

'Nej. Min man och jag ville ha barn. Men sedan kom kriget och . . . .'

'Jag beklagar.'

'Det är OK,' sade hon och log sorgset.

Medan han åt såg sig Aldin omkring. Huset kändes trevligt. Det var ett hus som passade bra för en kvinna som levde ensam.

Snart märkte Aldin att Kira tittade noga på honom.
'Är det något du vill fråga mig, Kira?' frågade han.
'Ja.'
'Varsågod, fråga bara.'
'Vad kommer du att göra med flickan?'
Aldin gjorde en paus. Sedan sade han som det var.
'Jag vet inte. Jag vet ju inte ens varför hon är här.'
Plötsligt kom en av läkarna in i köket. 'Flickan har vaknat! Hon kan prata!'

Kapitel 1 Översikt

Sammanfattning

Två kungariken på två planeter i framtiden är i krig: Jorden och Kalkia. Jordbornas kung träffar sina ministrar. Plötsligt kommer en kvinna in. Hon säger att det finns en kalkiansk rymdkapsel på hennes bondgård. Aldin, kungens mest pålitlige minister, åker till bondgården. Inne i kapseln hittar han en flicka. Först är hon medvetslös men sedan vaknar hon.

Ordförråd

rymdkapsel space capsule

framgång success

befolkningsökning population growth

åsikt opinion

överenskommelse agreement

gälla to be valid

regering government

huvudstad capital

vald elected

vad som helst anything

svälta to starve

pålitlig reliable

oväsen noise

möte meeting

stamma to stutter

gård farm

obekväm uncomfortable

läkare doctor

medvetslös unconscious

vård care

rymdskepp spaceship

besättning crew

undersöka to examine

Läsförståelsefrågor

Välj endast ett svar för varje fråga.

1) Det är krig mellan ___.
   a. Aldin och kung Valior
   b. jordborna och Kiras man
   c. jordborna och kalkianerna
   d. Kira och kung Valior

2) Valior sitter i ett möte med ___.
   a. Aldin och Kalkianerna
   b. sina ministrar
   c. Kira och hennes man
   d. flickan och Aldin

3) Kira säger till kungen att ___.
   a. det finns en liten flicka i hennes hus
   b. det finns en rymdkapsel på hennes gård
   c. hennes man dog i kriget
   d. Aldin måste komma hem till henne

4) Flickan ___.
   a. berättar för Aldin om sin värld
   b. vill inte prata för hon är blyg
   c. gråter mycket
   d. kan inte prata för hon är medvetslös

5) Kira bjuder Aldin på ___.
   a. en kall dryck
   b. kaffe
   c. te
   d. något att äta

Kapitel 2 – Flickan

Flickan från den kalkianska rymdkapseln var **vid medvetande**. Någon måste prata med henne. Kungens minister Aldin var rätt person att göra det. Han gick in i sovrummet. Kira följde med och de satte sig ner.

Flickan såg **sömnig** ut. Till slut frågade hon långsamt, 'Var är jag?' Kira och Aldin tittade **lättat** på varandra. Hon verkade inte vara skadad, bara **förvirrad**.

Flickan såg sig omkring. Hon blev mycket rädd när hon såg vakterna. Läkaren gav henne medicin för att lugna henne och hon somnade snart igen.

En timme senare slog flickan upp ögonen. 'Var är jag?' frågade hon igen. Sedan tittade hon på Aldin. 'Vem är du?' frågade hon.

'Hej,' sade Aldin. 'Jag heter Aldin och det här är Kira. Vi är jordbor. Ta det lugnt. Vi är inte **farliga**.' Han gjorde en paus. 'Hur mår du?'

'Jag är OK,' svarade hon försiktigt. Hon litade inte riktigt på dem.

'Vi ska inte **göra dig illa**,' förklarade Aldin.

Flickan var fortfarande rädd. Hon svarade inte.

Kira satte sig bredvid flickan. 'Hejsan,' sade hon långsamt. 'Kan du tala om vad du heter?'

'Jag heter Mahala,' svarade flickan.

'Allt är OK, Mahala. Jag heter Kira. Du är i mitt hus. Du fick en chock när kapseln landade. Vi har tagit hand om dig.'

'Är jag i er huvudstad?' frågade flickan. Hon tittade ut genom fönstret. Det var sent. Hon kunde inte se så mycket genom glaset. Hon kunde bara se några träd och ett fält. 'Det ser inte ut som en stad,' sade hon förvånat.

'Du är i närheten av huvudstaden. Inte i själva staden,' förklarade Aldin. 'Kungen är fortfarande långt härifrån.'

När flickan hörde ordet 'kung' blev hon rädd igen. 'Jag vill inte åka hem! Jag är 13 nu. Jag kan bestämma själv!' ropade hon.

Aldin var förvånad. Varför sa flickan att hon inte ville resa hem? Det verkade mycket konstigt.

'Varför vill du inte åka hem?' frågade han.

'Jag **gillar** inte Kalkia.'

'Gillar du inte Kalkia?' frågade Aldin förvånat. 'Vad menar du?'

'Jag vill inte bo där längre.'

'Varför säger du det?'

'Tja, för det första är min familj aldrig hemma.'

'Jaså? Och?'

'De **bryr sig** inte **om** mig. De har aldrig tid med mig. De tycker inte om mig.'

'Så din familj bryr sig inte om dig?' frågade Aldin.

'Nej . . . det har de inte gjort på länge.'

'Och bara för att du kände dig **övergiven** så reste du hit?' frågade Kira.

'Ja. Min pappa arbetar jämt. Min mamma är alltid ute och reser. Jag stannar hemma med min **sköterska**. Pappa betalar henne för att ta hand om mig. Jag gillar inte att vara med henne.'

Aldin började förstå. Flickan hade **rymt hemifrån**!

'Ett **ögonblick,** Mahala. Menar du att du rest hemifrån ensam? Att du har rymt?'

Flickan tittade ner. 'Ja,' svarade hon.

Aldin reste på sig och tittade på flickan. 'Ursäkta mig. Jag måste gå ut.'

Aldin gick ut på trappan. Han stod och tittade på Kiras vackra gård och tänkte. Det här var verkligen ett allvarligt problem. Kira kom också ut.

'Vad tänker du på, Aldin?' frågade Kira.

'Det är något som inte stämmer här.'

'Vad menar du?'

'Flickan har rymt hemifrån. Men hon kan inte flyga ett rymdskepp själv. Hon är ju bara 13 år.'

'Det har du rätt i. Hon måste ha fått hjälp.'

'Ja. Men av vem?'

'Det måste vi **ta reda på**.'

Aldin och Kira gick in till Mahala igen.

'Hej,' sade Mahala.

'Hej igen,' log Aldin.

Mahala tittade Aldin rakt i ögonen. 'Jag kommer inte att åka hem. Jag vill stanna här,' sade hon **envist**.

'Och varför vill du stanna här?'

'Jag sade ju det. Jag gillar inte min sköterska.'

'Jag tror dig inte,' sade Aldin lugnt.

'Det är sanningen.'

'Ja. Men det är inte hela sanningen, eller hur?'

Hon **suckade**. 'Nej, inte hela . . . .'

'Jag tänkte väl det. Berätta nu alltihop för mig.'

'Vi är på väg att förlora kriget. Folk har ingen mat. Många har ingenstans att bo. Vi kan inte **överleva** länge till. Jag är rädd.'

Aldin satte sig ner bredvid Mahala. Han tittade noga på henne. 'Du kan stanna här så länge,' lovade han. 'Men du måste förstå att våra två planeter är i krig.'

'Jag vet,' sade hon argt. 'Jag är 13, inte 6!'

Aldin skrattade. 'Då förstår du att det finns många problem med att du har rymt,' lade han till. 'Det kan bli enorma konsekvenser. Det kan få effekter både på nationell och internationell **nivå**.'

'Ja,' sade Mahala och tittade ner. 'Men de vet fortfarande inte var jag är någonstans!' tillade hon snabbt. 'Jag behöver bara vänta några dagar. Sedan kan jag åka någon annanstans.'

Aldin tittade på henne. Det var dags att ta reda på hur flickan hade tagit sig hit. 'Mahala, det är inte speciellt enkelt att flyga ett rymdskepp eller styra en rymdkapsel. Du kom inte hit ensam, eller hur? Du är för ung för att resa genom rymden utan hjälp.'

Mahala tittade på Aldin. 'Du har rätt,' sade hon tyst. 'Jag kan inte flyga ett rymdskepp.'

'Vem gjorde det då?'

'Det kan jag inte tala om för dig.'

Aldin hade gott om **tålamod**. Han var bra på att **handskas med** människor. 'Mahala, vi behöver veta vem som hjälpte dig. Om vi inte får veta det kan vi inte hjälpa dig.'

Mahala var tyst. Sedan sade hon. 'Det var . . . Det var . . .'

'Oroa dig inte. Du är i säkerhet här hos oss,' sade Kira lugnt.

Mahala tittade på dem. Sedan sade hon, 'Det var Valior, er kung. Han hjälpte mig.'

Aldin ställde sig snabbt upp. Han tittade oroligt på Mahala och sedan på Kira. Vakterna stod och tittade på dem allihop.

'Valior?' sade Aldin. 'Det kan inte vara sant!'

Mahala tittade ner igen. 'Jo, det kan det. Jag fick ett meddelande från honom för flera veckor sedan. Han sade att han visste att jag ville rymma. Han ville hjälpa mig. Så han lät sina **spioner** hitta mig.'

'Spioner?'

'Ja, det finns många spioner från Jorden på Kalkia.'

Aldin tog sig om huvudet. Han gick runt i rummet. Kungen hade hjälpt ett kalkianskt barn att rymma! Han kunde bara inte förstå varför. 'Det här är **rena vansinnet**,' suckade han till slut.

Efter en kort stund talade Mahala igen. 'Det är mer än så,' sade hon tyst.

Aldin vände sig om och tittade på Mahala. 'Vad mer kan det vara?' tänkte han. Till slut frågade han, 'Och vad är det?'

Mahala tittade honom i ögonen. 'Min pappa.'

'Vad är det med din pappa?' frågade Aldin.

'Det är min pappa som är kung på planeten Kalkia.'

Kapitel 2 Översikt

Sammanfattning

Flickan från kapseln vaknar. Läkarna undersöker henne. De säger att hon mår bra. Flickan börjar prata. Hon heter Mahala. Hon är från Kalkia och är 13 år. Först säger hon att hon rymde på grund av sina föräldrar. Hon säger också att hon är rädd för att kalkianerna kanske inte överlever kriget. Aldin frågar hur Mahala kom till Jorden. Hon säger att kung Valior hjälpte henne. Sen tillägger hon att Kalkias kung är hennes pappa.

Ordförråd

vid medvetande conscious

sömnig sleepy

lättad relieved

förvirrad confused

farlig dangerous

göra någon illa hurt someone

gilla to like

bry sig om to care about

övergiven abandoned

sköterska nurse

rymma hemifrån to run away from home

ögonblick moment

ta reda på to find out

envist stubbornly

sucka to sigh

överleva to survive

nivå level

tålamod patience

handskas med to handle, to treat

spion spy

rena vansinnet sheer madness

Läsförståelsefrågor

Välj enbart ett svar för varje fråga.

6) Mahala ___.

a. vill först inte prata

b. verkar först förvirrad

c. vill prata jättemycket

d. vill prata med sin pappa

7) Mahala förklarar att ___.

a. hon har rymt hemifrån

b. hennes föräldrar har bett henne resa

c. hon har rest vilse

d. hon inte vet var hon bor någonstans

8) Mahala säger också att ___.

a. hennes familj älskar henne

b. hon inte känner sina föräldrar

c. hon älskar sina sköterskor

d. hon inte är nöjd med sina föräldrar

9) När Aldin frågar vem som hjälpte henne svarar
Mahala att ___.

a. hon fick hjälp av Kalkias kung

b. Valior besökte henne

c. Valior hade skickat spioner från jorden

d. spioner från Kalkia hjälpte henne

10) Varför skulle det bli ett problem att låta flickan stanna?
   a. Hon är rädd
   b. Hon är dotter till Kalkias kung
   c. Hon är en kalkiansk spion
   d. Aldin vill inte att hon ska åka hem

Kapitel 3 – Fred

Aldin ville först inte tro att Mahala var dotter till
Kalkias kung. Flickan kunde orsaka kaos i världen! Och
allt detta bara för att hon kände sig ensam och för att
hon trodde att kung Valior förstod hennes problem.
Vad hade hon gjort?!

Sedan insåg Aldin att det inte var flickans **ansvar**.
Hon förstod inte riktigt vad hon hade gjort. Hon var
ju bara ett barn. Och hon var ledsen. Men Valior hade
hjälpt henne. *Kungen* var problemet! Ansvaret låg hos
honom. Hur hade han tänkt? Aldin var tvungen att ta
reda på det.

Aldin lämnade Kiras gård. Han steg snabbt in i bilen
och körde till huvudstaden. När han väl var där gick
han direkt till kung Valior. En vakt försökte stoppa
honom. 'Du får inte komma in,' sade vakten.

Aldin blev förvånad. 'Inte komma in? Jag måste tala
med kungen. Vet du inte vem jag är? Jag är minister i
Valiors regering!'

'Det är kungens **befallning**. Du får inte komma in,
Aldin.'

Aldin undrade vad han skulle göra. Han var tvungen
att tala med kungen. Utan att tänka efter så värst länge
slog Aldin vakten i huvudet. Vakten föll ihop. Aldin
tog hans vapen och gick in till Valior.

Kungen satt i sin stol. Han såg trött ut. 'Vad vill du, Aldin?' suckade han.

'Varför fick jag inte veta något om barnet?'

'Vilket barn?'

'Ers Majestät, jag är ingen idiot.'

Valior suckade. 'OK. Ingen mer teater. Vad vill du veta?'

'Varför är dottern till Kalkias kung här? Varför gjorde Ers Majestät så här?' Han **höjde** rösten. 'Det är inte vår policy att använda barn!'

Valior reste sig upp och skrek, 'Det är inte heller vår policy att förlora krig!'

Aldin tittade på Valior. Sedan frågade han, 'Varför berättade Ers Majestät inte det här för mig?'

'Det fanns en speciell anledning till det.'

'Och vad var den anledningen?'

Kungen tittade ner. 'Jag visste att du inte skulle **godkänna** det,' svarade han. 'Jag ville inte att du skulle **påverka** mitt beslut.' Valior hade rätt. Självklart skulle Aldin inte vilja blanda in ett barn i kriget. Det var helt enkelt inte rätt.

'Vad ska Ers Majestät göra med henne?' frågade Aldin sedan.

'Med Mahala? Vi kommer att ta hand om henne! Hon är ju bara ett barn,' sade kungen.

Aldin litade inte på honom. 'Jag menade inte så,' fortsatte han. 'Jag menade vad som kommer att hända nu. Vad kommer att hända om kalkianerna får veta att hon är här? Kommer hon att skadas?'

'Det är bra frågor,' sade kungen lugnt.

Aldin kunde inte acceptera ett så enkelt svar.

Valior fortsatte att prata. 'Kalkianerna vet att Mahala har rymt hemifrån.' Sedan gjorde han en paus. 'Men de vet inte vilken planet hon reste till. De vet heller inte att jordbornas spioner hjälpte henne. Så de vet egentligen ingenting.' Han tittade noga på Aldin. Han ville **bedöma** hur Aldin **reagerade**.

'Och när de förstår vem som har hjälpt henne?'

'Det finns ingen möjlighet att de någonsin kommer på det. Spionerna kommer inte berätta något. Ingen här vet . . . utom du.'

Aldin tänkte efter. 'Men varför?' frågade han. Han kunde bara inte förstå kungens **resonemang**. 'Varför blanda in ett barn? Varför ta henne från sina föräldrar?'

'På grund av hennes föräldrar,' svarade Valior. Kungen tittade på Aldin som om han var helt dum. 'Ser du inte fördelarna? Vi har nu kungens dotter som **gisslan**. Vi kan använda henne för att kontrollera Kalkias kung. För att få makt. För vad som helst egentligen.'

Valior tittade på Aldin igen. Accepterade Aldin hans åsikter? Aldins **ansiktsuttryck** visade ingenting.

'Förstår du nu?' fortsatte kungen. 'Vi kan använda Mahala till att få vad vi vill ha. Kalkias kung är i våra händer. Och allt detta bara för att hans dumma lilla dotter kände sig övergiven!' Valior skrattade stort. Det var ett skratt som fick Aldins hjärta att **frysa till is**.

Kung Valior var en man som Aldin alltid hade litat på. En man som alltid hade varit viktig för honom. Men just nu kände Aldin bara **obehag**. Valior använde ett barn för att få vad han ville.

Aldin log och sade, 'Jag förstår precis, Ers Majestät. Det ska bli som ni önskar.'

Aldin vände sig om och lämnade kung Valior. Han gick snabbt längs huvudstadens gator. Han gillade inte vad som pågick men han vågade inte visa det. Om kungen fick veta att han var emot honom skulle han bli dödad. Det fanns bara en person Aldin kunde be om hjälp. En person som kungen inte skulle hinna påverka. Han var tvungen att prata med henne.

Aldin körde fort till Kiras bondgård. Han knackade på dörren.
'Kira! Är du där?'
Kira öppnade. 'Ja?' svarade hon. 'Vad är det?'
'Är flickan fortfarande här?' frågade Aldin.
'Javisst. De har inte tagit henne till huvudstaden ännu.'
'Bra,' svarade Aldin.
'Men det kommer strax en bil,' tillade hon.
'Oj, då har vi mindre tid än jag trodde. Vi måste skynda oss,' sade han nervöst. 'Ta mig till henne.'

Aldin och Kira gick in i sovrummet. Flickan sov lugnt. 'Vi måste iväg,'sade han.
'Iväg? Vart då?' frågade Kira.
Aldin tittade sig omkring. Han kunde inte se någon. 'Var är vakterna?'
'De är borta vid rymdkapseln.'
'Bra,' sade Aldin. 'Nu har vi vår chans.'
'Vår chans?' frågade Kira. Hon såg förbryllad ut.
'Att föra bort Mahala,' svarade Aldin.

Kira satte sig ner. Hon tittade på Mahala. Flickan såg ut att må bra. 'Vill du ta Mahala från huvudstaden?'

'Nej, jag vill ta henne från planeten.'

'Va?' sade Kira. 'Varför?'

'Mahala är en ensam och förvirrad liten flicka. Kung Valior vill bara använda henne för att få makt över Kalkias kung.'

Aldin förklarade Valiors planer. Kira kunde helt enkelt inte tro att det var sant. 'Förstår du nu?' frågade Aldin. 'Jag vill inte skada Mahala. Men om vi inte hjälper henne hem så har hon ingen chans.'

'Vi?'

'Ja, du och jag. Vi måste ta henne tillbaka till Kalkia. Jag kan inte göra det själv, Kira. Jag behöver din hjälp.'

Kira funderade en stund. Hon tittade på flickan. Hon tittade sedan ut genom fönstret på sin gård. Till slut tittade hon på Aldin och sade, 'Vad har jag att förlora?'

Kira väckte Mahala och talade om för henne att de skulle köra till huvudstaden. Alla tre steg in i bilen. Aldin körde till den närmaste rymdstationen. Den låg ett par timmar bort. Mahala somnade och sov hela vägen.

När de kom fram sade Aldin till säkerhetsvakterna att han, Kira och Mahala var där i ett hemligt ärende för regeringen. Vakterna kände igen Aldin och släppte genast in dem.

Kira och Aldin bar Mahala till ett rymdskepp i närheten. De lämnade stationen utan problem.

Mahala vaknade när rymdskeppet hade startat. Hon var inte glad. Aldin tyckte synd om henne men han visste att de gjorde rätt.

Resan genom rymden tog flera dagar. När rymdskeppet närmade sig Kalkia anropade Aldin planeten. 'Det här är jordskepp 12913. Jag är minister Aldin från Jorden. Jag måste få tala direkt med Kalkias kung.'

'Hallå, jordskepp 12913. Varför vill du tala med vår kung?' sade en röst.

'Vi har hans dotter med oss.'

Det blev alldeles tyst.

Snart såg Aldin en varning på sin **datorskärm**. Militärskepp från Kalkia flög redan nära rymdskeppet. Plötsligt hördes rösten igen. 'Ge oss Mahala. Annars dör ni.'

'Du kommer inte att döda oss,' sade Aldin självsäkert. 'Jag vill tala med er kung.' Sedan tillade han, 'Nu.'

Det blev tyst igen.

Efter flera minuter hördes en **kraftfull** röst. 'Det här är Kalkias kung,' meddelade rösten. 'Ge mig min dotter,' sade han och gjorde en kort paus. 'Och jag ger er era liv.'

'Vi kommer att ge dig Mahala tillbaka på ett **villkor**, svarade Aldin.

De väntade.

'Vad är det?' hördes rösten.

'Det måste bli fred mellan Jorden och Kalkia.'

Kungen var tyst i flera sekunder. 'Varför ska jag lita på dig?'

'Därför att vi har fört din dotter tillbaka,' svarade Aldin. 'Därför att jag vet att kriget har varit svårt för alla på våra två planeter. Tänk på **lidandet** och **hungersnöden**. Tänk på de ekonomiska problemen. Våra invånare klarar inte mer. Kriget måste ta slut.'

Radion blev tyst igen. Till slut kom rösten tillbaka. Den var **mjukare** den här gången. 'Jag håller med,' suckade kungen. 'Och jag accepterar. Ge mig min dotter och vi kommer att se till att det blir fred.'

Kapitel 3 Översikt

Sammanfattning

Aldin talar med kung Valior. Valior kommer att använda Mahala som gisslan i kriget mot kalkianerna. Aldin går inte med på hans plan. Han håller sina egna planer hemliga. Han återvänder till Kiras bondgård. Tillsammans tar de Mahala till ett rymdskepp och reser till Kalkia. Aldin talar med Kalkias kung. De vill lämna tillbaka Mahala men Kalkias kung måste först gå med på fred. De kommer överens. Kriget är äntligen slut.

Ordförråd

ansvar responsibility

befallning order

höja to raise

godkänna to accept

påverka to influence

bedöma to form an opinion

reagera to react

resonemang reasoning

gisslan hostage

ansiktsuttryck expression

frysa till is to freeze to ice

obehag uneasiness

datorskärm computer screen

kraftfull powerful

villkor condition, term

lidande suffering

hungersnöd famine

mjuk soft

Läsförståelsefrågor

Välj enbart ett svar för varje fråga.

11) Efter att ha lämnat bondgården reser Aldin till ___.
   a. en restaurang
   b. kapseln
   c. huvudstaden
   d. sitt hus

12) Aldin inser att Valior ___.
   a. inte talar sanning
   b. vill ha fred
   c. alltid talar sanning
   d. är vän med Kalkias kung

13) Aldin planerar att ___.
   a. lämna tillbaka flickan
   b. låta flickan stanna hos Kira
   c. döda flickan
   d. inte göra någonting

14) Mahala ___.
   a. är glad att åka hem
   b. vill inte stanna på Jorden
   c. vill ringa sina föräldrar
   d. är inte glad över att åka hem

15) När Aldin talar med Kalkias kung vill han ha ___.
   a. pengar
   b. fred
   c. ett jobb
   d. en chans att stanna på Kalkia

Answer Key

Den galna köttbullen: *Kapitel 1*: 1. a, 2. b, 3. d, 4. c, 5. b; *Kapitel 2*: 6. d, 7. b, 8. a, 9. a, 10. c; *Kapitel 3*: 11. c, 12. c, 13. d, 14. d, 15. b; *Kapitel 4*: 16. c, 17. d, 18. a, 19. c, 20. a

Varelsen: *Kapitel 1*: 1. b, 2. a, 3. d, 4. d, 5. b; *Kapitel 2*: 6. d, 7.d, 8. c, 9. a, 10. b; *Kapitel 3*: 11. c, 12. d, 13. d, 14. a, 15. c

Riddaren: *Kapitel 1*: 1. b, 2. b, 3. d, 4. c, 5. b; *Kapitel 2*: 6. a, 7. a, 8. b, 9. c, 10. d; *Kapitel 3*: 11. c, 12. b, 13. c, 14. c, 15. a

Klockan: *Kapitel 1*: 1. a, 2. c, 3. d, 4. c, 5. b; *Kapitel 2*: 6. a, 7. c, 8. a, 9. b, 10. b; *Kapitel 3*: 11. c, 12. b, 13. b, 14. d, 15. b

Kistan: *Kapitel 1*: 1. c , 2. b, 3. a, 4. d, 5. c; *Kapitel 2*: 6. a, 7. b, 8. b, 9. a, 10. d; *Kapitel 3*: 11. d, 12. c, 13. d, 14. b, 15. a;

Okänt land: *Kapitel 1*: 1. b, 2. a, 3. d, 4. c, 5. d; *Kapitel 2*: 6. c, 7. b, 8. d, 9. a, 10. d; *Kapitel 3*: 11. c, 12. c, 13. c, 14. c, 15. b

Den osynliga kvinnan: *Kapitel 1*: 1. a, 2. b, 3. c, 4. c, 5. c; *Kapitel 2*: 6. a, 7. b, 8. c, 9. c, 10. a; *Kapitel 3*: 11. d, 12. b, 13. b, 14. a, 15. c

Rymdkapseln: *Kapitel 1*: 1. c, 2. b, 3. b, 4. d, 5. d; *Kapitel 2*: 6. b, 7. a, 8. d, 9. c, 10. b; *Kapitel 3*: 11. c, 12. a, 13. a, 14. d, 15. b

Swedish–English Glossary

A

aktie a share, (*Am. Eng.*) stock
allvarlig serious
anfalla to attack
anledning reason
allvar sternness
allvarlig serious
anledning reason
annorlunda different
ansiktsuttryck expression
anställd employee
ansvar responsibility
använda to use
arg angry

B

bada to bathe, to swim
batteriet är dött the battery is dead
bedöma to form an opinion
befallning order
befinna sig to be
befolkningsökning population growth
bekväm comfortable
bekymrad worried
berg mountain
berlock charm
besättning crew
besegra to defeat
beskydda to protect

beslut decision
bestämma (sig) to decide
besviken disappointed
betjänt valet, butler
bevisa to prove
billig cheap
bilolycka car accident
bjuda hem to invite to one's home
björn bear
blanda to mix
blunda to shut one's eyes
blyg shy
bonde farmer
borsta av to brush off
bortom beyond
brev letter
bry sig om to care about
bråka to quarrel
bråttom in a hurry
bräda board
buskage shrubbery
byggnad building
byrå agency
byte prey
böja to bend

D

dagsljus daylight
datorskärm computer screen
damm dust

dela upp to divide
dräkt costume
dröm dream
duktig clever, good, efficient
duscha to shower
dyka upp to show up
dyr expensive

E
eftermiddagskaffe
  afternoon coffee
effektiv efficient
egendom property
egentid one's own time
eka rowing-boat
elak nasty, evil
elektriker electrician
envist stubbornly

F
fantasi imagination
fara danger
farlig dangerous
fast besluten firmly resolved
fattig poor
ficka pocket
fiende enemy
fika to have a coffee break
fira to celebrate
fjärrkontroll remote control
flaxa to flutter, to flap
flod river
flyga to fly
flygplats airport
flytta to move
forskning research
fotspår footprint

framgång success
framgångsrik successful
fred peace
främmande unfamiliar,
  strange
frisyr hairstyle
fru wife
frukost breakfast
frysa till is to freeze to ice
ful ugly
fundera to think, to consider
fånga to catch
färd journey
färdig ready, prepared
födelsedag birthday
för skojs skull for fun
förarhytt cab of the lorry/
  truck
förberedelse preparation
förbryllad bewildered,
  puzzled
fördel advantage
föredömlig anställd model
  employee
föredra to prefer
föremål object
förenad united
föreställning performance
företag company
förfärlig horrible
författare author, writer
förhållande relationship
förklaring explanation
förlora to lose
förlägen embarrassed
förlåta to forgive
förmodligen probably

förråda to betray
förräderi treason
försiktigt carefully
förstöra to destroy
försvinna to disappear
förvirrad confused
förvånad surprised
förvänta to expect
försäljningsavdelning sales
  department
förändras to change

G
galen mad, crazy
gammalmodig old-fashioned
ge upp to give up
genast immediately
generad embarrassed
genomsnittlig average
gest to gesture
get goat
giftig poisonous
gilla to like
gisslan hostage
glöd embers
godkänna to accept
grattis congratulations
gris pig
grov sjö heavy sea
gråta to cry, to weep
gräns border
gräsmatta lawn
grönsaker vegetables
gud god
guldhalsband gold necklace
gå upp i rök to vanish into
  thin air

gå vilse to get lost
gård farm
gälla to be about, to concern,
  to be valid
gömma (sig) to hide
göra bort sig make a fool of
  oneself
göra någon illa to hurt
  someone
göra sällskap to go together

H
ha användning för to make
  use of
hamn harbour, (*Am. Eng.*)
  harbor
handskas med to handle, to
  treat
hav sea
hejda (sig) to stop (oneself)
helg weekend
hemlighet secret
hemtrevlig cosy
hiss lift, (*Am. Eng.*) elevator
hitta to find
hungersnöd famine
hustru wife
huvudstad capital
hy complexion
(buss)hållplats bus stop
händelse event
häpen surprised
höja to raise
hövding chief

I
i sin ordning in order

illa till mods ill at ease
inbilla sig to imagine
inreda to decorate
inse to realize
invånare inhabitant
ivrigt eagerly

J

ja må hon/han leva (the first line of the traditional Swedish birthday song)
jakt hunt
jägare hunter
jämföra to compare

K

kanon canon
kind cheek
kista chest
klippa sig to have a haircut
klocka watch, clock
klänning dress
klättra to climb
knacka på to knock
knapp button
komma loss to get away
komma överens to agree
konkurrent competitor
konstverk work of art
kontanter cash
kontor office
koppla av to relax
kraft force, strength
kraftfull powerful
kraftig big, sturdy
kraftigt byggd strong-built
krama to hug
krig war

kund customer
kungarike kingdom
kuvert envelope
kvartal quarter (of a year)
kyssa to kiss
källa well
kö queue, (*Am. Eng.*) line
köpman merchant
köttbulle meatball

L

lag law
landsbygd countryside
last load
lastbil lorry, (*Am. Eng.*) truck
ledsen sad, sorry
leta efter to look for
lidande suffering
lita på to trust
lysa to shine
låda box
låna to borrow
lås lock
låtsas to pretend
läcka to leak
lägenhet flat, (*Am. Eng.*) apartment
läger camp
läkare doctor
lämna ifred to leave in peace
längta efter to long for
lättad relieved
lättnad relief
lögn lie
löneförhöjning rise in salary, (*Am. Eng.*) salary raise
lönsam profitable
lösning solution

M

makt power
mark ground
matkasse bag of groceries
medvetslös unconscious
mena allvar to be serious
metallklot metal ball
misslyckas to fail
misstänksam suspicious
mjuk soft
moln cloud
morbror uncle
mål goal
möbler furniture
mönster pattern
mörk dark
möte meeting

N

nervös nervous, worried
nicka to nod
nivå level
njuta av to enjoy
noga careful
nolla zero
nyfiken curious
nyheter news
närmare closer
nätverksmjukvara network
  software
nöjd satisfied

O

obehag uneasiness
obekväm uncomfortable
oförberedd unprepared

okänt unknown
omkomma to be killed (in an
  accident)
område area
omständighet circumstance
omöjligt impossible
orolig worried
otroligt unbelievable
otålig impatient
otäck nasty
ovanlig unusual
oväsen noise

P

personal staff
politiker politician
port gate, door
presentera to introduce
promenad a walk
proppfull very full
proviant food supplies
prydlig tidy
pussa to kiss
pålitlig reliable
påverka to influence

R

ramla omkull to fall down
rasande furious
reagera to react
regering government
rena vansinnet sheer madness
resonemang reasoning
rida to ride (on an animal)
riddare knight
ringmur stone wall

ro to row
roder helm, wheel
rodna to blush
ropa to call
runor runes
rusa to rush
rycka (åt sig) to snatch, to grab
rymdkapsel space capsule
rymdskepp spaceship
rymma hemifrån to run away from home
räcka upp to raise
röra to touch

S
sammanträffande coincidence
sanning the truth
segla to sail
servitör waiter
siffra number, digit
sigill seal
sjukdom illness, disease
sjö lake
skada to hurt, to damage
skaka to shake
skapa to create
skepp ship
skick condition
skicklig skilful, capable
skicklighet skill
skjorta shirt
skjuta to shoot
skoja to make a joke
skratta to laugh

skrift writing
skrämma to frighten
skynda (sig) to hurry
skägg beard
skämt joke
skönhet beauty
sköterska nurse
slockna to go out
slott castle
slump chance, hazard
släktingar relatives
släppa to let go, release
slösa to waste
smak taste
smaka to taste
sms text message
smutsig dirty
solglasögon sunglasses
soluppgång sunrise
somna to fall asleep
sorgset sadly
spara to save
sparka to kick
spela ett spratt to play a trick
spion spy
spännande exciting
stämma to make sense, to be right
stamma to stutter
stig path
stjäla to steal
sträcka på to stretch
sträng severe
strid battle, fight
strunta i to ignore

stuga cottage
stämma to make sense, be right
styrman helmsman, mate
stöd support
störd disturbed
sucka to sigh
sval cool
svårighet difficulty
svälta to starve
syfte purpose
syskon sibling
såra to hurt
särskilt particularly, above all
säck sack
säd corn, grain
säker safe, certain
säkerhet safety
säkerhetsvakt security guard
sällsynt rare
sökande search
sömnig sleepy
söt pretty, sweet

T
ta hand om to take care of
ta reda på to find out
ta slut to end, to finish
tappa to lose
tecken sign
teckning drawing
telefonkiosk telephone box, (*Am. Eng.*) telephone booth
tillfälle occasion
tillgång access
tillverka to make, to produce

tillägga to add
tjänare servant
tjänst post, job
tokig mad, crazy
tonläge pitch
torg marketplace, square
torka to dry
trappa flight of stairs, staircase
trolldryck potion
trottoar pavement, (*Am. Eng.*) sidewalk
trä wood
trädgård garden
tur chance, luck
tvinga to force
tvivla doubt
tyg cloth, fabric
tålamod patience
täckning coverage
tält tent
tända to light
tänka igenom to consider

U
under tiden meanwhile
undergång destruction
underlig strange
undersöka to examine
undvika to avoid
uppdrag assignment, mission
uppföra sig to behave
upplevelse experience
uppmuntra to encourage
upprepa to repeat
upprörd upset
uppskatta to appreciate

urmakare watchmaker
ursprunglig original
utflykt excursion
utforska to explore
utföra to carry out
utkant outskirts
utmaning challenge
utmattad exhausted
utnyttja to use, to exploit
utsikt view

V

vad som helst anything
val choice
vald elected
vara article, product
vara överens to agree
varelse creature
varken/eller neither/nor
VD (verkställande
  direktör) managing director
veckla upp to unfold
ved firewood
verkligen really
verksamhet business
verkstad workshop
verktyg tool
vid medvetande conscious
vila to relax
villkor condition, term
vinka to wave
vinst profit
virke wood, timber
viska to whisper

vuxen adult
våning floor
vård care
välbehållen safe and sound
vända sig om to turn around
värdefull valuable
väsen noise
väska bag

Y

yrkeskvinna career woman
ytterdörr front door

Å

åsikt opinion
återvända to return

Ä

äntligen finally, at last
ärlig honest
äventyr adventure

Ö

öde destiny, fate
ögonblick moment
önskemål a wish
Östersjön the Baltic Sea
överenskommelse
  agreement
övergiven abandoned
överleva to survive
överlåta to transfer
överraskning surprise
övertygelse conviction

Acknowledgements

If my strength is in the ideas, my weakness is in the execution. I owe a huge debt of gratitude to the many people who have helped me take these books past the finish line.

Firstly, I'm grateful to Aitor, Matt, Connie, Angela and Maria for their contributions to the books in their original incarnation. To Richard and Alex for their support in expanding the series into new languages.

Secondly, to the thousands of supporters of my website and podcast, *I Will Teach You a Language*, who have not only purchased books but who have also provided helpful feedback and inspired me to continue.

More recently, to Sarah, the Publishing Director for the *Teach Yourself* series, for her vision for this collaboration and unwavering positivity in bringing the project to fruition.

To Rebecca, almost certainly the best editor in the world, for bringing a staggering level of expertise and good humour to the project, and to Nicola, for her work in coordinating publication behind the scenes.

My thanks to James, Dave and Sarah for helping *I Will Teach You a Language* to continue to grow, even when my attention has been elsewhere.

To my parents, for an education that equipped me for such an endeavour.

Lastly, to JJ and EJ. This is for you.

Olly Richards

Notes

Use *Teach Yourself Foreign Language Graded Readers* in the Classroom

The *Teach Foreign Language Graded Readers* are great for self-study, but they can also be used in the classroom or with a tutor. If you're interested in using these stories with your students, please contact us at learningsolutions@teachyourself.com for discounted education sales and ideas for teaching with the stories.

Bonus Story

As a special thank you for investing in this book, we would like to offer you a bonus story – completely free!

Go to readers.teachyourself.com/redeem and enter **bonus4u** to claim your free Bonus Story. You can then download the story onto the accompanying app.

DRAKEN FERGE

Ferge såg pilen flyga förbi. Han tittade ner. Sedan landade han nära Johan. 'JOOHAAANNN . . .' sade draken . . .